MERIAN *live!*

W0064931

Barcelona

Harald Klöcker ist Journalist und hat
zahlreiche Publikationen zu touristischen
Themen in Spanien verfasst. An Barcelona
fasziniert ihn vor allem die rasante kulturelle und gastronomische Entwicklung.

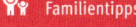 Familientipps

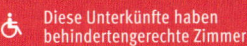 Diese Unterkünfte haben
behindertengerechte Zimmer

Preise für ein Doppelzimmer ohne Frühstück:

€€€€ ab 180 €   €€ ab 80 €
€€€ ab 110 €   € bis 80 €

Preise für ein dreigängiges Menü ohne
Getränke:

€€€€ ab 60 €   €€ ab 25 €
€€€ ab 40 €   € bis 25 €

Inhalt

◄ Stimmungsvolle Kulisse für ein Dinner unter
Palmen und Arkaden: die Plaça Reial (▶ S. 75).

Unterwegs in Barcelona 62

Spaziergänge und Ausflüge 90

Wissenswertes über Barcelona 118

✳ Karten und Pläne

Willkommen in Barcelona Die
dynamische Hauptstadt Kataloniens wandelt sich in einem
rasanten Tempo und entfaltet eine ansteckende Vitalität.

Jedes Mal, wenn ich nach zwei oder drei Tagen in Barcelona Bilanz ziehe und mich frage, ob mir die Stadt noch immer gefällt, stelle ich fest: Sie möchte mir ihren Rhythmus aufzwingen, sie drängt zu Eile und Umtriebigkeit. Hektik ist es nicht, vielmehr Rasanz und Tempo, womit sie mich schon am ersten Tag anstecken möchte und fortan verfolgt. Schnelllebigkeit – dieses Wort könnte in Barcelona erfunden worden sein. Wieder ist ein neues Museum eröffnet, ein Kulturzentrum eingeweiht, ein Straßenzug mit Modernisme-Gebäuden saniert worden. Die Kunst-, Architektur- und Designszene scheint fortlaufend Kampagnen und The-

menwochen zu erfinden, um auf sich aufmerksam zu machen. Und was die Bars, Nachtklubs, Restaurants und Geschäfte anbetrifft, regieren ohnehin Innovation und permanente Neuerungen. Immerzu Tempo, Wandel, Veränderungen. Wie soll man als Besucher eine solche Stadt erkunden, ohne nervös zu werden? Man kann doch nicht alles besichtigen, bei jeder Ausstellung dabei sein, jedes angesagte Restaurant ausprobieren! Doch neben den vielen Neuerungen gibt es ja auch Bewährtes: den Parc Güell, die Casa Batlló und die Casa Milà, die bemerkenswerte Sagrada Família und den prachtvollen Palau de la Música Catalana. Dort sollte man

◀ Verspielte Formen der Natur, übersetzt in Architektur: Aussichtsterrasse im Parc Güell (▶ S. 74).

beginnen, wenn man verstehen will, welche Formensprache die Architekten des katalanischen Jugendstils bevorzugten. Auch hier gilt: Von einem Modernisme-Bauwerk zum nächsten zu hetzen zerstört jede Inspiration. Weniger ist mehr! Oft fallen auch beim x-ten Besuch des Parc Güell immer noch witzige Details und kühne Entwürfe auf. Oder die Casa Comalat, die Casa de les Punxes und die Casa Vicenç. Diese Gebäude stehen für eine Architektur-Philosophie. Wenn man sie enträtseln möchte, ist Betrachtungslust hilfreich und auch ein wenig Hintergrundwissen. Vor allem aber braucht man Zeit.

Der Geist des Modernisme

Barcelona ist in weiten Teilen eine bürgerliche Stadt. Gràcia und Eixample heißen die beiden Viertel, wo man eindrucksvoll eine Ahnung davon bekommt, mit welchen ästhetischen Vorlieben das begüterte Bürgertum einst Wohnhäuser errichten ließ. Auch hier ist der Geist des Modernisme, des katalanischen Jugendstils, am Werk gewesen. Keine Fassade gleicht der anderen, hier wurde aufwendig repräsentiert. Bis hinein in die Gegenwart ist in diesen Vierteln zu spüren, welcher Wohlstand sich in Barcelona etabliert hat. Es gibt aber auch das volkstümliche Barcelona, das sich etwa im Raval-Viertel, in der Altstadt, in Barceloneta, Ribera oder bei einem Stadtteilfest aufspüren lässt. Vor allem das Barri Gòtic, die Straßenzüge in der Nachbarschaft der Kathedrale, animieren den Besucher, sich einfach treiben zu lassen.

Das Ambiente ist danach: Läden mit originellen Artikeln, auf Schritt und Tritt Terrassencafés, Restaurants und Bars mit einem geradezu überwältigenden Aufgebot an katalanischen Spezialitäten oder leckeren Tapas.

Zeit für spontane Exkurse

Ich rate durchaus dazu, das Picasso-Museum, das Stadtmuseum, die Kathedrale oder den Mercat Santa Catarina zu besuchen. Aber eben nicht im Rahmen eines straffen Besichtigungsprogramms. Es sollte Raum bleiben für Abweichungen, Besinnungspausen, spontane Exkurse. Einmal wollte ich mir die neu gestaltete Uferzone nahe dem Sporthafen ansehen, bin aber in Barceloneta hängen geblieben und schließlich in einem volkstümlichen Lokal auf der Carrer de l'Almirall Cervera zum Mittagessen eingekehrt. Gut so! Ein anderes Mal hatte ich geplant, auf dem Montjuïc endlich einmal die Bestände des Ethnologischen Museums zu besichtigen, gelandet bin ich im Botanischen Garten. Warum auch nicht? Übrigens ein sympathischer Ort zum Innehalten. Jeder, der sich als Besucher durch diese quirlige, geschäftige, immerzu von Straßenlärm, Menschengetümmel und Betriebsamkeit erfüllte Stadt bewegt, braucht früher oder später eine Ruhepause. Es gibt Parks dafür, kleine wie größere, es gibt den Montjuïc und die altertümlichen Milchbars, wo man ungestört innehalten kann. Oder vielleicht lieber hinunter ans Meer? Nach einer kurzen Unterbrechung stellt man sich wieder aufmerksamer auf die Stadt ein, schaut sie mit wacheren Augen an. Mir wird in solchen Momenten klar: Ich mag Barcelona noch immer.

MERIAN-TopTen

MERIAN zeigt Ihnen die Höhepunkte der Stadt: Das sollten Sie sich bei Ihrem Besuch in Barcelona nicht entgehen lassen.

 Palau de la Música Catalana
Die prachtvolle Konzerthalle im katalanischen Jugendstil steht auf der UNESCO-Kulturerbe-Liste (▶ S. 53, 73, 97).

 L'Aquarium
Die Schau von rund 10 000 Lebewesen aller Weltmeere gilt als eine der bedeutendsten Europas (▶ S. 65, 75).

 Barri Gòtic
Neben Monumenten aus dem 13. bis 15. Jh. prägen zahlreiche Läden und belebte Gassen das Altstadtviertel (▶ S. 66, 92).

 Casa Batlló und Casa Milà
Die beiden von Antoni Gaudí entworfenen Häuser zeigen die vor Fantasie sprühende Handschrift des Meisters (▶ S. 67, 68, 92, 97).

 Parc Güell
Den weiten Park samt der imposanten Gebäude schuf Gaudí. Sein Wohnhaus dient als Museum (▶ S. 74, 97).

 Las Ramblas
Pracht- und Flanierpromenade, auf der sich oft Straßenmusikanten, Akrobaten, Gaukler tummeln (▶ S. 75, 92).

 Sagrada Família
Die unvollendete Sühnekirche des genialen Architekten Antoni Gaudí gilt als markantestes Wahrzeichen der Stadt (▸ S. 76, 97).

 Fundació Joan Miró
Hier sind mehr als 300 Gemälde und Zeichnungen sowie etwa 150 Skulpturen des berühmten Künstlers zu sehen (▸ S. 81, 98).

 Museu Nacional d'Art de Catalunya
Gotische und romanische Kunst aus Katalonien, Highlights sind die herrlichen Fresken (▸ S. 86, 98).

 Museu Picasso
Das meistbesuchte Museum Barcelonas widmet sich dem Schaffen Pablo Picassos von 1890 bis 1957 (▸ S. 88, 92).

10

MERIAN-Tipps Mit MERIAN mehr erleben.
Nehmen Sie teil am Leben der Stadt und entdecken Sie Barcelona, wie es nur Einheimische kennen.

1 Bonanova
Das Restaurant überzeugt durch eine authentische katalanische Küche auf Grundlage marktfrischer Zutaten (▶ S. 21).

2 El Asador de Aranda
Diese Gaststätte ist ein denkmalgeschütztes Kleinod mit herrschaftlichen Salons und filmreifem Ambiente (▶ S. 22).

3 Granja Viader
Ein würdiger und stilvoller Vertreter der vom Zeitgeist arg bedrängten traditionellen Milchbars (▶ S. 29).

4 Cacao Sampaka
Das Geschäft ist auf Schokoladenerzeugnisse spezialisiert und beeindruckt durch ein opulentes Sortiment (▶ S. 36).

5 Celler de Gelida
Alle wichtigen Weine Spaniens, dazu ausländische Tropfen und Spirituosen. Über 120 Jahre alter Weinkeller mit erlesenen Raritäten (▶ S. 38).

6 Colmado Quilez
Ehemaliger Kolonialwarenladen mit katalanischen, spanischen und internationalen Delikatessen (▶ S. 41).

 Mercat de la Boquería
Auf dem Wochenmarkt an den Ramblas kann man sich in einer fast 100-jährigen Markthalle mit frischen Lebensmitteln eindecken (▸ S. 43).

 Mirablau
Cocktailbar und Diskothek hoch auf dem Berg Tibidabo. Der Panoramablick auf die Stadt ist atemberaubend (▸ S. 51).

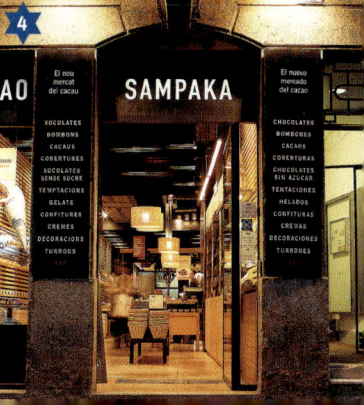

 Xampanyería Reina Cristina
Eine viel besuchte Xampanyería, in der man in gemütlichem Ambiente Cava verkosten kann (▸ S. 53).

 Festes de la Mercè
Das typische Patronatsfest Barcelonas bezaubert mit sympathischem volkstümlichen Charakter (▸ S. 55).

Stilvoll einkaufen auf der berühmten
Flaniermeile Ramblas: Ein Juwel des katalanischen Jugendstils ist das Feinkostgeschäft Antigua Casa Figueras (▶ S. 36).

Zu Gast
in Barcelona

Die katalanische Hauptstadt beschert dem Besucher
eine Fülle an Kultur, Unterhaltung und Vergnügungen.
Ein zentrales Hotel rundet den Besuch ab.

Übernachten
Topmoderne Luxusherberge oder elegante Jugendstilvilla – die Auswahl an Unterkünften ist beachtlich. Wer länger bleiben will, wird preisgünstige Hostals oder Apartmenthotels vorziehen.

◄ Direkt im gotischen Viertel verbirgt sich das modern und stilsicher eingerichtete Hotel Banys Orientals (▸ S. 15).

Die Hotels sind offiziell, je nach Komfort und Ausstattung, in fünf Kategorien (ein bis fünf Sterne) eingeteilt. Fünf Sterne bedeuten Top-Luxus, über drei Sterne verfügt für gewöhnlich ein Mittelklassehotel. »Hostals« (HS) gibt es in drei Klassen zwischen Drei-Sterne- und Ein-Stern-Niveau. Die Kategorisierung nach Sternen sollte man nicht allzu genau nehmen. Gelegentlich stößt man auf überraschend niveauvolle Hostals in der Zwei-Sterne-Kategorie, während man in manchem Ein-Stern-Hotel eine gediegenere Ausstattung der Zimmer findet als in einem auf Touristengruppen spezialisierten Drei-Sterne-Hotel in der Altstadt.

»Pensiones« (P) liegen in Komfort und Preis deutlich unter Hotels und Hostales, können aber durchaus akzeptable Bedingungen vorweisen. Sie sind besonders bei Jugendlichen beliebt. Auch hier gilt: Man nehme das Zimmer besser in Augenschein, ehe man es fest bucht.

Kostenlose Zimmervermittlung bietet die Infozentrale des Tourismusbüros, Plaça de Catalunya 17 f (Untergeschoss), Buchung per E-Mail: central@barcelona-on-line.es bzw. per Internet: www.barcelona-on-line.es oder www.hotelsbcn.com. Eine gute Hotelübersicht findet man auch auf den Websites www.hotels-barcelona.net (Deutsch) oder www.all-hotels-in-barcelona.com (Englisch). Last-Minute-Reservierungen gibt es bei www.barcelonahotels.es. Vermietung von Unterkünften auch unter www.oh-barcelona.com bzw. www.citysiesta.com.

Preise für ein Doppelzimmer mit Frühstück:

€€€€ ab 180 €		€€ ab 80 €	
€€€ ab 110 €		€ bis 80 €	

HOTELS €€€€

Arts ▸ S. 151, E 23

Für höchste Ansprüche • Fünf Sterne, Luxus in einem avantgardistisch gestalteten Hochhausturm direkt am Port Olímpic. Beliebt bei Prominenz, Stars und Sternchen, vermögenden Moguln aus Industrie, Wirtschaft und Kultur. Man genießt einen grandiosen Ausblick auf das Meer.
Sant Martí • C. de la Marina 19–21 • Metro: Ciutadella-Vila Olímpica (d 3) • Tel. 9 32 21 10 00 • www.hotelarts barcelona.com • 482 Zimmer und Apartments • ♿ • €€€€

Colón ▸ Klappe hinten, d 4

Klassische Eleganz • Ein auf Tradition bedachter Klassiker unter den Hotels der katalanischen Hauptstadt. Herrliche Lage an der Avinguda Catedral mit Blick auf die Kathedrale und den an Wochenenden belebten Vorplatz. Gediegene Zimmer, dazu eine gemütliche Piano-Bar, verschiedene Salons, ein Restaurant, das schöne Terrassencafé. Eigene Parkplätze, Konferenzräume. Das Frühstück fällt ausgesprochen opulent aus. Beliebt bei anspruchsvollen Reisenden.
Ciutat Vella • Av. Catedral 7 • Metro: Jaume I (c 3) • Tel. 9 33 01 14 04 • www.hotelcolon.es • 145 Zimmer • €€€€

Condes de Barcelona ▸ S. 146, B 15

Tradition und Stil • Dieses renommierte Vier-Sterne-Hotel logiert in einem historischen Stadtpalast. Mobiliar und das Interieur entstammen

Ausgesprochen stylish und voll im Trend: Das Designhotel Omm (▸ S. 14) wenige Schritte abseits des eleganten Passeig de Gràcia hat schon einige Preise gewonnen.

dem katalanischen Jugendstil. Die Zimmer sind komfortabel, der Service ist gediegen. Sonnenterrasse, Fitnesscenter, kleiner Swimmingpool, Garage, Konferenzräume.
Eixample • Pg. de Gràcia 73–75 • Metro: Diagonal (c 2) • Tel. 9 34 67 47 80 • www.condesdebarcelona. com • 183 Zimmer • ♿ • €€€€

Montecarlo ▸ Klappe hinten, c 3
Zentrale Lage • Direkt an den Ramblas gelegenes Drei-Sterne-Hotel, untergebracht in einem restaurierten großbürgerlichen Gebäude mit einer pompösen Fassade und Eingangshalle. Die Aufenthaltsräume glänzen mit ihrem gepflegten Prachtinterieur. Schöne Bar/Cafeteria, reichhaltiges Frühstück.
Ciutat Vella • Las Ramblas 124 • Metro: Catalunya (c 2) • Tel. 9 34 12 04 04 • www.montecarlobcn.com • 55 Zimmer • ♿ • €€€€

Nouvel ▸ Klappe hinten, d 3
Nostalgie und Eleganz • Das Drei-Sterne-Hotel befindet sich in einem schön restaurierten Modernisme-Gebäude. Trotz der Nähe zur Plaça de Catalunya und den Ramblas ruhig gelegen. Angeschlossen ist das ebenfalls nostalgisch anmutende Restaurant **La Lluna**. Aufzug, TV, Klimaanlage, Minibar, eigener Parkplatz. Einige Zimmer verfügen über eine Terrasse. Freundliches und zuvorkommendes Personal. Das Preisniveau ist allerdings etwas hoch.
Ciutat Vella • C. de Santa Anna 18–20 • Metro: Catalunya (c 3) • Tel. 9 33 01 82 74 • www.hotelnouvel.com • 78 Zimmer • €€€€

Omm ▸ S. 146, B 14
Anspruchsvolles Designhotel • Nahe der Casa Milà gelegen. Niveauvolle Ausstattung durch die Designerinnen Sandra Tarruella und Isabel

López. Helle Zimmer mit schöner Aussicht zum Passeig de Gràcia. Spa, Bar, Schwimmbad, Nachtclub mit DJ und ambitioniertem Musikangebot. Angeschlossen sind auch zwei Restaurants, darunter das exklusive **Moo**, das mit einem Michelin-Stern ausgezeichnet wurde.

Eixample • C. Rosselló 265 • Metro: Diagonal (c 2) • Tel. 9 34 45 40 00 • www.hotelomm.es • 91 Zimmer • ♿ • €€€€

HOTELS €€€

Actual   ▸ S. 146, B 14

Attraktive Aussicht • Kleines und modern ausgestattetes Drei-Sterne-Hotel, zwar nicht sehr zentral gelegen, aber doch gut per Metro zu erreichen. Überzeugende Qualität, vorbildliche Schalldämmung, TV, Minibar, praktisch und komfortabel eingerichtete Bäder. Eigene Wäscherei im Haus, eigene Parkgarage, ruhige Bar im ersten Stockwerk, Internetanschluss. Der Clou des Hauses ist der schöne nächtliche Blick auf die Casa Milà, im Volksmund »La Pedrera« genannt. Wer dieses außergewöhnliche Panorama auskosten möchte, miete sich ein zum Innenhof gelegenes Zimmer.

Eixample • Rosselló 238 • Metro: Diagonal (c 2) • Tel. 9 35 52 05 05 • www.hotelactual.com • 29 Zimmer • ♿ • €€€

Amrey Diagonal   ▸ S. 147, westl. F 16

Nahe der Strandzone • Drei-Sterne-Hotel in der aufstrebenden Wohn- und Geschäftszone Diagonal Mar nahe der neu geschaffenen Strände und der Rambla de Poblenou. Moderne, komfortabel eingerichtete Zimmer. Große Parkgarage. Hauseigenes Restaurant, häufig Sonderangebote im Januar.

Sant Martí • Av. Diagonal 161–163 • Metro: Poble Nou (e 3) • Tel. 9 34 86 88 00 • www.amrey-hotels.com • 154 Zimmer • €€€

Banys Orientals   ▸ Klappe hinten, e 5

Geschmackvolles Ambiente • Bei der gotischen Kirche Santa María del Mar gelegenes, stilvolles Haus von historischem Rang, fantasievoll und modern restauriert. Nüchtern und praktisch eingerichtete Zimmer mit angenehm großen Betten. Modern gestylte, ein wenig klein geratene Bäder. Kostenloser Internetzugang. Im Erdgeschoss logiert das traditionsreiche Restaurant **Señor Parellada**.

Ciutat Vella • C. Argentería 37 • Metro: Jaume I (c 3) • Tel. 9 32 68 84 60 • www.hotelbanysorientals.com • 43 Zimmer • €€€

Gaudí   ▸ Klappe hinten, c 5

Funktional und praktisch • Drei Sterne; saubere, zweckmäßig eingerichtete Zimmer ohne besondere Extras. Restaurant, Bar. Rund ums Jahr bei Besuchern beliebt, im Sommer sollte man besser vorab reservieren.

Ciutat Vella • C. Nou de la Rambla 12 • Metro: Liceu (c 3) • Tel. 9 33 17 90 32 • www.hotelgaudi.es • 73 Zimmer • ♿ • €€€

Medicis   ▸ S. 147, F 14

Nahe der Sagrada Família • Zur Medium-Hotelkette gehörendes Haus mit zwei Sternen. Gutes Mittelklasseniveau und günstige Lage am Rand des quirligen Zentrums an einer relativ ruhigen Kreuzung. Moderne, zweckmäßige Einrichtung. Alle Zimmer sind mit Safe, Klimaanlage, Hei-

zung, TV, Haartrockner und Wäscheservice ausgestattet. Parkplätze vorhanden. Keine besonderen Extras, aber sauber und korrekter Service. Professionelle Leitung, vergünstigte Preise in der Nebensaison.
Gràcia • C. de Castillejos 340 • Metro: Hospital de Sant Pau (d 2) • Tel. 9 34 50 00 53 • www.medicishotel.com • 29 Zimmer • €€€

Racó del Pi ▸ Klappe hinten, d 4
Schöner Innenhof • Hotel in einem denkmalgeschützten Haus in der Altstadt. Die historische Fassade ist gut erhalten. Zimmer mit Bad, Telefon, Minibar, Klimaanlage, Safe. Die Suiten verfügen über einen Jacuzzi; Internetzugang. Einige der Zimmer haben einen kleinen Balkon und Sicht auf die Straße, andere reihen sich um einen Innenhof, der im Sommer für die Hausgäste nutzbar ist.
Ciutat Vella • C. del Pi 7 • Metro: Liceu (c 3) • Tel. 9 33 42 61 90 • www.hotel racodelpi.com • 37 Zimmer • ♿ • €€€

Rivoli Ramblas ▸ Klappe hinten, c 3
Beste Lage • Gehobener Komfort, geschmackvolles Designerinterieur, elegant ausgestattete Zimmer. Das Haus wurde weitgehend behindertengerecht konstruiert. Aussichtsterrasse, Sauna, Solarium, Whirlpool, eigene Parkmöglichkeit. Vier Sterne.
Ciutat Vella • Las Ramblas 128 • Metro: Liceu (c 3) • Tel. 9 33 02 66 43 • www.hotelrivoliramblas.com • 130 Zimmer • ♿ • €€€

HOTELS €€
Astoria ▸ S. 146, A 14
Moderne Ausstattung • Günstige Lage im oberen Eixample-Viertel in der Nähe mehrerer Bürgerhäuser im Modernisme-Stil. Drei Sterne. Über-

zeugende Verbindung von Komfort und gediegener Atmosphäre. Eigener Parkplatz, mit Bar und angeschlossenem Restaurant. Etwas teures, aber opulentes Frühstück. Das Hotel gehört zur renommierten Derby-Kette.
Eixample • C. Paris 203 • Metro: Diagonal (c 2) • Tel. 9 32 09 83 11 und 9 32 00 39 54 • www.derbyhotels.com • 117 Zimmer • €€

Peninsular ▸ Klappe hinten, b 5
Nahe der Ramblas • Angenehmes und ruhiges Ein-Stern-Hotel. Die schlicht eingerichteten Zimmer sind recht klein, aber sauber und praktisch ausgestattet. Guter Service.
Ciutat Vella • C. Sant Pau 34 • Metro: Liceu (c 3) • Tel. 9 33 02 31 38 • www.hotelpeninsular.net • 40 Zimmer • €€

Sant Agustí ▸ Klappe hinten, c 4
Ehemaliges Kloster • Angeblich das älteste Hotel Barcelonas (von 1840) in der Altstadt, Steinwände und Balkendecken im Innern wurden vorbildlich konserviert. Unterschiedlich geschnittene Zimmer, alle mit Klimaanlage, TV, Bad, manche gar mit Balkon. Internetanschluss in der Halle. Das Frühstück wird in einem hellen Salon mit schönem Blick auf den Platz gereicht. Drei Sterne.
Ciutat Vella • Pl. Sant Agustí 3 • Metro: Liceu (c 3) • Tel. 9 33 18 16 58 • www.hotelsa.com • 75 Zimmer • ♿ • €€

Sant Pau ▸ S. 147, westl. F 14
Nahe des Hospital de Sant Pau • Zwei-Sterne-Hotel, moderne Unterkünfte mit Telefon, Klimaanlage, TV. 18 Zimmer haben eine Terrasse. Parkmöglichkeiten sind vorhanden, Cafeteria, Restaurant, Wäscherei. Freundlicher Service, internationale Klientel. Angemessene Preise.

Gràcia • C. de Sant Antoni María Claret 173 • Metro: Hospital de Sant Pau (d 2) • Tel. 9 34 33 51 51 • www.amreyhotels.com • 93 Zimmer • ♿ • €€

Suizo ▸ Klappe hinten, d/e 5

Tolle Lage in der Altstadt • 200 m von der Kathedrale entfernt und in einem historischen Gebäude untergebracht. Hinreichend komfortabel ausgestattete Räume mit Air-Condition, TV, Heizung etc. Ansonsten keine besonderen Extras. Cafeteria, Snackbar, sehr freundliches Personal. Gelegentlich besonders günstige Sonderangebote. Drei Sterne.
Ciutat Vella • Pl. del Ángel 12 • Metro: Jaume I (c 3) • Tel. 9 33 10 61 08 • www.hotelsuizo.com • 60 Zimmer • €€

Hostal D'Uxelles ▸ S. 146, C 16

Gutes Preis-Leistungs-Verhältnis • Das Hostal bietet viele Annehmlichkeiten, die ansonsten für höhere Preiskategorien typisch sind. Die betagten Spiegel und der andalusisch inspirierte Stil des Dekors muten etwas altertümlich an. Zimmer mit Bad, Ventilator, TV, Telefon, Terrasse, kleiner Haussalon. Freundlicher, familiärer Service. Alles sauber und adrett.
Eixample • Gran Via de les Corts Catalanes 688 Pral. • Metro: Tetuan (d 2) • Tel. 9 32 65 25 60 • www.hotelduxelles.com • 14 Zimmer • €€

HOTELS €

Fontanella ▸ Klappe hinten, e 3

In Familienbesitz • Freundliches Hostal, das bereits seit 1945 besteht; eingerichtet in einem Jugendstilgebäude von 1881. Zentrale Altstadtlage. Saubere, geräumige, meist eher schlicht ausgestattete Zimmer, einige jedoch mit antikem Mobiliar. Alle Zimmer mit TV, Wäscheservice.

Ciutat Vella • Vía Laietana/Ecke C. Fontanella 71, 2. Etage • Metro: Urquinaona (c 3) • Tel. 9 33 17 59 43 • www.hostalfontanella.com • 15 Zimmer • €

Das Condes de Barcelona (▸ S. 13) verbindet Jugendstil mit modernstem Komfort.

IBIS Meridiana ▸ S. 147, nordöstl. F 6

Kostengünstig und praktisch • Das Zwei-Sterne-Hotel liegt außerhalb des Zentrums, ist aber per Metrolinie 1 gut mit der Innenstadt verbunden. Größter Vorzug ist das günstige Preis-Leistungs-Verhältnis. Kleine, saubere, praktisch eingerichtete Zimmer, freundlicher, erfahrener Service. Klimaanlage, WIFI-Internetzugang, Bar, Snacks, spanisch geprägtes Frühstück. Neben einem Einkaufszentrum in einem Hochhaus gelegen. Mit kostenpflichtigem Parkhaus.
Sant Andreu • Paseo Andreu Nin 9, Heron City • Metro: Fabra i Puig (e 2) • Tel. 9 32 76 83 10 • www.ibishotel.com • 143 Zimmer • €

Essen und Trinken

Köstlichkeiten aus dem Meer und dem Gebirge werden aufgeboten, dazu katalanische Weine und Cavas. Ein festliches Dinner hat hier Tradition, der französische Einfluss ist unverkennbar.

◄ Es ist oft nicht leicht, im Quinze Nits (▶ S. 25) einen Platz zu ergattern – wer es geschafft hat, wird es nicht bereuen.

Die Gastronomie der katalanischen Hauptstadt entspricht voll und ganz den hohen Erwartungen, die man an eine Millionenstadt am Mittelmeer stellen darf. So verwundert es nicht, dass es hier eine überdurchschnittlich hohe Zahl an Luxus-Restaurants gibt. Preiswertere Restaurants und Tapas-Bars, Bodegas, Tavernen, Imbisslokale und Cafés findet der Besucher vornehmlich im Stadtviertel El Raval und in der Altstadt jenseits der Ramblas, oft auch in den innenstadtnahen Teilen der Eixample sowie in Barceloneta.

Katalanische Spezialitäten

Die meisten Restaurants öffnen von 13 bis 16.30 und dann wieder von 21 bis 24 Uhr. Sonntags sind viele Lokale abends geschlossen; einige schließen auch den gesamten Montag.

In Katalonien werden zu vielen Gerichten spezielle **Saucen** gereicht. Äußerst beliebt ist die »samfaina«, eine pikante Gemüsesauce, bereitet aus Paprikaschoten, Tomaten und Auberginen. »Allioli« ist eine im Mörser gestoßene Knoblauch-Mayonnaise. Für die »picada« werden vornehmlich Knoblauch, Petersilie, geröstete Mandeln und klein gehackte Pinienkerne verwendet. Die Basis für einen »sofrito«, eine dicke Sauce, sind Zwiebeln, Knoblauch, gebratene Tomaten und Petersilie. Sehr geschätzt ist auch die »torrada«, der man sich gern in den Landgasthöfen widmet, um den großen Hunger vor dem Hauptgericht zu mäßigen. Dabei wird eine große geröstete Scheibe Bauernbrot mit Olivenöl getränkt und mit Tomatenstücken und einer rohen Knoblauchzehe eingerieben. Manchmal wird die Brotscheibe noch zusätzlich belegt.

Stars unter den **Würsten** sind die »fuet«, eine würzige Dauer- bzw. Hartwurst aus der Gegend von Vic, sowie die »butifarra«, eine gefüllte Bratwurst, die gern mit Pilzen oder weißen Bohnen kombiniert wird. Beliebt sind auch die »salchichón«, eine aus Magerfleisch und Gewürzen bereitete salamiartige Hartwurst, und die ursprünglich aus Mallorca stammende »sobrasada«, eine feine, streichfähige Paprikawurst.

Vergessen wir die »**crema catalana**« nicht, Kataloniens berühmte Nachspeise. Es gibt sie als Fertigprodukt, doch ungleich aromatischer schmeckt die Cremespeise hausgemacht. Die knackige Karamellkruste über der Cremeschicht sollte noch warm sein; dann duftet sie betörend und verbindet sich optimal mit der Creme.

Cavas und Weine

Cavas nennt man die nach der Champagnermethode flaschenvergorenen Qualitätsschaumweine, die v. a. aus dem westlich von Barcelona gelegenen Weinanbaugebiet Penedès stammen (▶ Im Fokus, S. 44). Mit interessanten **Rotweinen**, darunter überraschend duftigen, vollmundigen Merlots, kann inzwischen das zur Provinz Lleida gehörige Anbaugebiet Costers del Segre aufwarten. Noch erfolgreicher hat sich die flächenmäßig recht kleine D. O. Priorat(o) entwickelt.

Preise für ein dreigängiges Menü:

€€€€ ab 60 €	€€ ab 25 €
€€€ ab 40 €	€ bis 25 €

GALICISCH

Carballeira   ▶ Klappe hinten, e 6

Feiner Fisch • Jederzeit garantiert frische Produkte. Gemütliche Einrichtung. In der Nachbarschaft des Hafens gelegen und oft bis auf den letzten Platz besetzt. Eine Reservierung ist daher ratsam.
Ciutat Vella • C. Reina Cristina 3 • Metro: Barceloneta (c/d 3) • Tel. 9 33 10 10 06 • So abends und Mo geschl. • €€

Sagardi   ▶ S. 150, C 21/22

Typisches aus Spaniens Norden • Einer baskischen Taverne nachempfundenes Ambiente mit Stehtischen, langer Holztheke, Ziegelmauern und rustikalen Holzverkleidungen. Zünftiges Flair mit zumeist erheblicher Lautstärke. Typisch baskische bzw. nordspanische Küche auf gehobenem Niveau. Delikate Fischgerichte wie Stockfisch-Tortilla, Steinbutt, Seeteufel, Kabeljau in Apfelwein, gegrillte Fische. Außerdem Fleisch vom Grill, Wildentenpastete, Enten-Confit. Im Angebot sind auch der baskische Weißwein Txacolí, andere Weine aus Nordspanien und Trester.
Ciutat Vella • C. Argenteria 62 • Metro: Jaume I (c 3) • Tel. 9 33 19 99 93 • www.sagardi.com • Mo–Fr 13–16, 20–24, Sa, So 13–17, 20–24 Uhr • €€/€€€

KATALANISCH

Casa Calvet   ▶ S. 146, C 16

Ein Klassiker in Bestform • Edles Restaurant mit einzigartigem Ambiente im gut erhaltenen Salon der von Gaudí 1890 erbauten Casa Calvet. Klassische katalanische Küche mit französischen Akzenten, hohes kulinarisches Niveau. Feine Wildgerichte und Fischplatten. Für ein stilvolles Abendessen eine der besten Adressen in der Stadt. Entsprechende Preise.
Eixample • C. de Casp 48 • Metro: Urquinaona (c 3) • Tel. 9 34 12 40 12 • www.casacalvet.es • So geschl. • €€€€

Jaume de Provença   ▶ S. 145, E 11

Für Feinschmecker • Traditionsküche mit Rezepten und Produkten aus dem Hinterland sowie von der Küste, auch baskisch inspirierte Gerichte. Seit Jahren unter der Leitung von Jaume Bargués. Fachgerechter Service, in Anbetracht der gebotenen Leistungen angemessene Preise. Bestens sortierte Weinkarte. Eine Reservierung ist empfehlenswert.
Eixample • C. de Provença 88 • Metro: Entença (c 2) • Tel. 9 34 30 00 29 • www.jaumeprovenza.com • So abends, Mo und im Aug. geschl. • €€€€

Casa Joana   ▶ S. 141, D 3

Herzhafte Klassiker • Renommierter Familienbetrieb seit mehr als 40 Jahren, entsprechend viele Stammgäste. Außerhalb des Zentrums gelegen, aber mit den Ferrocarrils gut zu erreichen. Eher selten von Touristen besucht. Spezialitäten mit Artischocken, Spinat, Fischsuppen, Kabeljau, Innereien (»cap i tripa«). Weine aus Katalonien und dem restlichen Spanien. Gehobenes Niveau, aber keine überzogenen Preise.
Sarrià-Sant Gervasi • C. Major de Sarrià 59 • Ferrocarrils: Sarrià (c 1) • Tel. 9 32 03 10 36 • Sa, So geschl. • €€€

La Cúpula   ▶ S. 147, E 14

Tradition und Moderne • Modernes, helles Restaurant in einem Neubau in der Nachbarschaft der Sagrada Família. Kreative und klassisch katalanische Küche auf einem gehobenen Niveau. Marktfrische Produkte, schnörkellose, auf kulinarisch sinn-

volle Kombinationen konzentrierte Rezepte. Traditionsgerichte wie Ochsenschwanz und Steinbutt, aber auch eigenwillige Kreationen. Gehobene, aber keineswegs überhöhte Preise.
Gràcia • C. de Sicilia 255 • Metro: Joanic (d 2) • Tel. 9 32 08 20 61 • www.lacupularestaurant.com • So und Mo abends geschl. • €€€

Els Pescadors ▶ S. 151, östl. F 21

Exquisite Fischgerichte • Besonders lohnend sind die Fischeintöpfe bzw. die Brassen und Schwertfische. Etwas abseits gelegen, aber mit guten Parkmöglichkeiten in Strandnähe. Auch per Metro ohne Probleme zu erreichen. Die strandnahe, ruhige Lage im Stadtviertel Poble Nou entschädigt für die weite Anfahrt. Wunderbar sitzt man auf der Terrasse an dem kleinen Platz unter großen Bäumen.
Sant Martí • Pl. Prim 1 • Metro: Poblenou (e 3) • Tel. 9 32 25 20 18 • www.elspescadors.com • €€€

Can Lluís ▶ S. 149, F 17

Regionaltypische Delikatessen • Populäres, gemütliches Gasthaus mit langjähriger urkatalanischer Tradition. Ambiente einer Altstadttaverne mit niedriger Decke und dunklem, schwerem Holzmobiliar. Klein, eng und gesellig. Beliebter Treff von katalanisch gesinnten Politikern, Künstlern, Bürgern aus den benachbarten Straßenzügen. Herzhafte, von traditionellen Rezepten beherrschte Küche. Vorzügliche Sardellen, Dorade, Wolfsbarsch, Kaisergranat. Beliebt sind auch die Schneckengerichte. Ein seit Jahren bewährter Klassiker.
Raval • C. de la Cera 49 • Metro: St. Antoni (c 3) • Tel. 9 34 41 11 87, 9 34 41 10 61 • www.bcnrestaurantes.com • So, Fei, 3 Wochen im Aug. geschl. • €€

MERIAN-Tipp

BONANOVA ▶ S. 142, A 7

Kompetente Leitung unter der Ägide von Adolfo Herrero, Sohn eines legendären katalanischen Kochs. Bürgerliche, sehr persönlich gehaltene Einrichtung, die Gebäudefront stammt aus dem Jahr 1910. Die verwendeten Zutaten kommen in bester Qualität aus der Boquería (▶ MERIAN-Tipp, S. 43). Kleine, übersichtliche Karte mit deftigen Klassikern, die meist recht bodenständig ausfallen. Immer wieder gerühmt: die Entengerichte, Stierschwanz, Thunfischspezialitäten. Beeindruckend ist das Angebot an Weinen und Spirituosen.
Sarrià-Sant Gervasi • C. St. Gervasi 103 • Ferrocarriles: El Putget • Tel. 9 34 17 10 33 • So, Fei abends und Mo geschl. • €€€

Casa Leopoldo ▶ Klappe hinten, b 4

Bei Prominenten beliebt • Vor allem in den Umbruchjahren 1970 bis 1980 galt die 1929 gegründete Casa Leopoldo als ausgewiesenes Literaturrestaurant. Später speisten hier Prominente wie Eduardo Mendoza oder Juan Marsé. Auch der katalanische Autor Manuel Vázquez Montalbán, der in der Nachbarschaft aufwuchs, bevorzugte dieses Restaurant, das auch in seinen Kriminalromanen eine wichtige Rolle spielt. Nach wie vor ist die Casa Leopoldo ein Traditionslokal der bürgerlichen Mittelschicht, spezialisiert auf eine deftige katalanische Küche. Das bezeugt etwa das viel gerühmte Ochsenschwanzragout. Fischgerichte und Meeresfrüchte dominieren die Speisekarte.

MERIAN-Tipp

EL ASADOR DE ARANDA
▶ S. 142, B 6

Eine einzigartige Atmosphäre: Die Attraktion des Restaurants ist das wunderschöne Gebäude, die denkmalgeschützte Casa Roviralta (bisweilen auch als Casa Frare Blanc bezeichnet), ein Prachtpalais des katalanischen Jugendstils (Modernisme). Der Besucher isst in einem geradezu filmreifen Ambiente mit Buntglasfenstern, verspielten Dekorationen, Lüstern, Holzverkleidungen, herrschaftlichem Mobiliar und noblen Zierelementen. Das Restaurant verfügt über mehrere Salons, eine schöne Terrasse und eine offene Backofenküche. Nahezu jeden Abend herrscht hier ab 21 Uhr Hochbetrieb (daher unbedingt reservieren!). Es gibt keine Speisekarte. Angeboten werden auf zünftige Art im Backofen zubereitete Fleischgerichte, vor allem Spezialitäten vom Lamm. Kulinarisch kein Spitzenniveau, dafür ist jedoch die Atmospäre einzigartig. Sarrià-Sant Gervasi • Av. del Tibidabo 31 • Bus Nr. 22 bis Av. del Tibidabo • Tel. 9 34 17 01 15, 9 32 12 24 82 • www.asadorde aranda.com • tgl. geöffnet • €€

Ciutat Vella • C. de Sant Rafael 24 • Metro: Liceu (c 3) • Tel. 9 34 41 30 14 • www.casaleopoldo.com • So abends, Mo und im Aug. geschl. • €€

Chicoa
▶ S. 146, A 15

Herzhafter Kabeljau • Populäres Lokal für anspruchsvoll zubereitete katalanische Hausmannskost zu günstigen Preisen. Rustikale Einrichtung mit viel Holz und Keramik. Gesellig, allerdings nicht gerade leise. Eixample • C. d'Aribau 71 • Metro: Universitat (c 2) • Tel. 9 34 53 11 23 • So, Fei geschl. • €€

La Yaya Amelia
▶ S. 147, E 14

Gemütliches Ambiente • Eigenwilliges Restaurant, 1976 als bescheidenes Vorstadtlokal eröffnet, später modernisiert und um ein Milchwarengeschäft erweitert. Bodenständige Küche. Vorzügliche Stockfisch- und andere Fischgerichte; außerdem rustikale Fleischspezialitäten wie etwa Rindskotelett mit grobem Meersalz. Leckere Nachspeisen, interessante Milchdesserts. Auch nach der Renovierung ist der nostalgische, gemütliche, fast ländliche Charakter des Restaurants erhalten geblieben. Eixample • C. Còrsega 537 • Metro: Sagrada Família (d 2) • Tel. 9 34 35 80 48 und 9 34 56 45 73 • €€

El Racó d'en Baltà
▶ S. 146, A 14

Deftiges aus Katalonien • Angenehmes Ambiente, dazu eine originelle Küche. Die Grundlage bilden bodenständige katalanische Rezepturen, aber man scheut auch nicht einfallsreiche Neukompositionen. Meist werden Zutaten aus ökologischem Anbau verwendet. Die Highlights: Fenchelsuppe mit Sepiastreifen, Entenbrustsalat mit Mandelessig und Gänseleberstreifen, Steak aromatisiert mit Idiazabal-Käse, ein würziger baskischer Schafskäse. Viele leichte und gut verdauliche Gerichte. Auch hier sind die Preise immer fair und angemessen. Eixample • C. Aribau 125 • Metro: Diagonal (c 2) • Tel. 9 34 53 10 44 • So geschl. • €

MEDITERRAN

Neichel ▸ S. 140, C 4

Kulinarische Meisterleistungen • Ein paradiesisches Restaurant in der Nachbarschaft der Plaça Pius XII für anspruchsvolle Gourmets. Gelungene, kreative Mischung aus Nouvelle Cuisine und mediterraner Küche unter Leitung des preisgekrönten Spitzenkochs Jean Louis Neichel, der auf spleenige Effekte verzichtet und stattdessen solide Qualität auf hohem Niveau bietet. Es gibt eine vorzügliche Weinkarte und eine umfassende Käseauswahl aus allen Teilen der Iberischen Halbinsel sowie aus Frankreich. Exquisite Desserts. Für nicht wenige ist das Neichel derzeit das Beste, was Barcelona zu bieten hat. Unbedingt reservieren!
Sarrià-Sant Gervasi • C. Beltrám i Rózpide 16 • Metro: María Cristina (b/c 2) • Tel. 9 32 03 84 08 • www.neichel.es • So, Mo, Fei geschl. • €€€€

Ca L'Isidre ▸ S. 149, F 17

Bei Künstlern beliebt • Das Lokal zieren Originalbilder katalanischer Maler. Unter der sympathischen Leitung von Isidre Gironès und seiner Frau serviert man garantiert marktfrische Produkte, oft vom Mercat de la Boquería (▸ MERIAN-Tipp, S. 43). Raffinierte Gerichte auf hohem Niveau. Reservierung empfohlen.
Ciutat Vella • C. de les Flors 12 • Metro: Paral.lel (c 3) • Tel. 9 34 41 11 39 • www.calisidre.com • So, Fei und 3 Wochen im Aug. geschl. • €€€

Cheriff ▸ S. 150, C 22/23

Vorzügliche Paella • Kleines Lokal im ehemaligen Fischerviertel Barceloneta, spezialisiert auf mediterran zubereitete Fischgerichte. Der Clou ist hier aber die streng nach traditionellen Vorbildern zubereitete Paella. Sie wird aus frischen Zutaten hergestellt und muss stets vorbestellt wer-

Eine Bar, wie man sie aus dem Baskenland kennt: Im Sagardi (▸ S. 20) holt man sich an der Theke die Pintxos und zahlt danach entsprechend der Anzahl der Zahnstocher.

La Vinya del Senyor (▶ S. 26) gegenüber der Kirche Santa María del Mar ist eine klassische Vinothek. Zu den 20 offenen Weinen werden herzhafte Tapas und Käse gereicht.

den. Bis sie serviert wird, dauert es etwa 30 Minuten. Gemütliches Ambiente, freundlicher Service. Meist reger Besuch, daher ist eine Voranmeldung unbedingt ratsam. Barceloneta • C. de Ginebra 15 • Metro: Barceloneta (d 3) • Tel. 9 33 19 69 84 • www.bcnrestaurantes.com • So mittags, Mo sowie Okt. geschl. • €€€

La Provença   ▶ S. 146, A 14

Kreative Küche • Feine, provenzalisch inspirierte Gerichte und herausragend gute Desserts, serviert in einem gepflegten Rahmen. Ausgewogene Weinkarte. Ein rundweg überzeugendes Preis-Leistungs-Verhältnis. Eixample • C. de Provença 242 • Metro: Diagonal (c 2) • Tel. 9 33 23 23 67 • www.laprovenca.com • €€€

Agut   ▶ Klappe hinten, d 5

Traditionslokal in der Altstadt • Beliebtes Lokal mit geschmackvoller Einrichtung und viel Stammkundschaft, darunter viele Touristen, aber auch Einheimische. Auf den Tisch kommen vorzügliche Reis- und Kaninchengerichte. Eine Reservierung ist empfehlenswert. Ciutat Vella • C. d'En Cignàs 16 • Metro: Jaume I (c 3) • Tel. 9 33 15 17 09 • So abends, Mo und im Juli geschl. • €€

Attic   ▶ Klappe hinten, c 4

Zentral und gemütlich • Vom Designer Dani Freixes gestaltetes Lokal, der dafür einen Preis bekam. Kreative Küche, viele frische Produkte, spanische und internationale Weine. Auffallend umfangreiche Speisekarte (mehrsprachig) mit katalanischen und mediterranen Köstlichkeiten. Der Service ist vorbildlich. Ciutat Vella • Las Ramblas 120 • Metro: Liceu (c 3) • Tel. 9 33 02 48 66 • www.attic.angrup.com • tgl. 13–24, Sa bis 0.30 Uhr • €€

Café de la Princesa ▸ S. 150, C 21

Architektonische Kostbarkeit • Hier speist man in einem modernisierten gotischen Innenhof. Die Umgestaltung des spätgotischen Palastes wurde mit einem Architekturpreis gewürdigt. Schönes Bodenwerk aus dem 16. Jh. Der modernisierte Innenhof wird von einer Glasdecke überwölbt und ist mit Parkett ausgelegt. Das Restaurant hat sich einem Mix aus mediterraner, internationaler und katalanischer Küche verschrieben. Zuweilen finden abends Musikdarbietungen statt, auch Jazz oder Soul. Ciutat Vella • C. Sabateret 1–3/C. Flassaders 21 • Metro: Jaume I. (c 3) • Tel. 9 32 68 15 18 • www.cafeprincesa. com • So abends geschl. • €€

Paco Alcalde ▸ S. 150, C 23

Ein bewährter Klassiker • Der Familienbetrieb besteht seit 1921 und wird heute in der dritten Generation geführt. Renommiert ist das Lokal für seine exquisite Fischküche. Kompetente, nie überwürzte Zubereitung von Seeteufel, Kabeljau, Wolfsbarsch, Dorade, Tintenfisch. Ausgesprochen beliebt sind auch die hauseigene Paella sowie die mit Meeresfrüchten verfeinerten Reisgerichte. Vorzügliche »fideuada«, ein Leckerbissen der katalanischen Traditionsküche. Barceloneta • C. Almirall Aixada 12 • Metro: Barceloneta (d 3) • Tel. 9 32 21 50 26 • www.pacoalcalde-restaurante. com • Mi–Mo 13–17, 20–24 Uhr • €€

Limbo ▸ Klappe hinten, d 6

Individuelle Ausrichtung • Modernes, originelles und vom Besitzer in Eigenbau zusammengestelltes Lokal mit Steinwänden, Eisenträgern und sparsamer Holzverkleidung; rundweg gemütlich. Hier regieren exquisite und kreativ komponierte Rezepte auf der Grundlage der klassischen Mittelmeerküche. Die gelegentlichen Überraschungsmenüs stehen nicht auf der Karte. Überzeugende Weinauswahl. Entspanntes Ambiente. Freitags und samstags auch bis 1 Uhr. Ciutat Vella • C. de Mercè 13 • Metro: Drassanes (c 3) • Tel. 9 33 10 76 99 • So und Mo geschl. • €

Les Quinze Nits ▸ S. 150, B 22

Trend-Restaurant im Zentrum • Einfache, teilweise ein wenig an Fast Food erinnernde Gerichte und erstaunlich niedrige Preise haben zur Folge, dass sich abends und am Wochenende Schlangen vor dem Lokal bilden. Nur wenn es freie Plätze gibt, werden Gäste eingelassen, Reservierungen sind nicht möglich. Die Küche läuft stets auf Hochbetrieb, es gibt katalanische und andere Fisch-, Fleisch- und Gemüsespezialitäten. Kleine Karte mit preiswerten Weinen. Ciutat Vella • Pl. Reial 6 • Metro: Liceu (c 3) • Tel. 9 33 17 30 75 • www.les quinzenits.com • tgl. 13–15.45 und 20.30–23.30 Uhr • €

El Portalón ▸ Klappe hinten, d 4

Feine Kleinigkeiten • Preiswertes, alteingesessenes und in einer Bodega mit mächtigen Steingewölben untergebrachtes Lokal. Hier werden ohne großen kulinarischen Aufwand leckere Tapas und herzhafte kleine Tellergerichte aufgetischt. Mittags bekommt man hier sicher einen Platz; abends dagegen oft sehr gut besucht, da das Lokal eine treue Stammkundschaft hat. Erstaunlich reichhaltiges, gelungenes Essen. Zügige Bewirtung. Ciutat Vella • C. Banys Nous 20 • Metro: Liceu (c 3) • Tel. 9 33 02 87 11 • So geschl. • €

NORDAFRIKANISCH

La Rosa del Desierto ▶ S. 146, B 14

Exotische Aromen • Wohl die anspruchsvollste Adresse in Barcelona für unverfälschte marokkanische Küche. Gelungene Synthese von mediterranen und arabischen Rezepturen. Vegetarische Gerichte, viel Gemüse, Grillfleisch, Couscous (sogar mit Hummer), typisch marokkanische Suppen. Feine Nachspeisen mit Datteln, Orangenessenz, Zimt, Kokos. Sehr gelungen auch das Maulbeer-Sorbet. Stilvolle marokkanische Einrichtung. Schöne Lampen, Sitzkissen und Polster. Auffallend freundlicher Service, Reservierung ratsam.
Gràcia • Pl. Narcís Oller 7 • Metro: Diagonal (c 2) • Tel. 9 32 37 45 90 • www.larosadeldesierto.es • So abends und Mo geschl. • €€/€€€

SPANISCH

Lonja de Tapas ▶ S. 150, C 22

Gepflegtes Sortiment an Tapas • Großer Gewölbekeller als Ambiente für eine abwechslungsreiche, ambitionierte Tapas-Küche. Minimalistisches Dekor. Die Stärke der Lokalität ist das äußerst umfangreiche Angebot an leckeren Tapas mit immer wieder neuen Kreationen. Rund 150 Weinsorten im Angebot. Auch die Nachspeisen zeigen Stil und Originalität. Ein zweites Lokal gleichen Namens und mit identischem Angebot gibt es an der Pl. Montcada 3.
Ribera • Pl. del Palau 7 • Metro: Barceloneta (d 3) • Tel. 9 32 68 72 58 • www.lonjadetapas.com • So–Do 12–24, Fr, Sa 12–1 Uhr • €€

Rincón del Norte ▶ S. 144, C 10

Leckerbissen aus Nordspanien • Außerhalb des Zentrums gelegen, aber gut mit der Metro zu erreichen. Geschmackvolles Flair mit Holz und Messing. Gute Raumaufteilung mit Nischen, angenehm ruhige Akustik. Fischgerichte sind die Spezialität des Hauses: Meeresigel, Kabeljau, Languste, Schwertmuscheln, Seehecht im Backofen. Nordspanisch, weithin kantabrisch inspirierte Rezepturen. Große Auswahl an Fischen und Meeresfrüchten zu angemessenen Preisen. Freundlicher Service. Viele Einheimische schätzen das Lokal.
Les Corts • C. de Joan Güell 107 • Metro: Pl. del Centre (c 2) • Tel. 9 33 39 10 26 • €€

La Vinya del Senyor ▶ S. 150, C 22

Im Trend • Vinothek bzw. Tapa-Lokal mit reichhaltigem Angebot an Weinen. Alle zwei Wochen wird eine aktualisierte Weinkarte mit 20 offenen Weinen erstellt, darunter nicht selten spanische Top-Weine. Herzhafte Tapas und Käsesorten. Keine Menüs bzw. komplette Hauptgerichte. Günstige Lage in der Altstadt.
Ciutat Vella • Pl. Santa María del Mar 5 • Metro: Jaume I (c 3) • Tel. 9 33 10 33 79 • tgl. 12–1 Uhr • € bis €€

La Taberna del Cura ▶ S. 146, B 13

Volkstümliche Atmosphäre • Große, rustikal eingerichtete Räumlichkeit mit ausreichend Platz für größere Gesellschaften und offener Küche. Die zahlreichen Stammgäste schätzen die guten Gerichte. Deftige und unkomplizierte Speisen, große Portionen. Gegrilltes Fleisch, Spanferkel und Lamm, »butifarra«, Seehecht- und Kabeljaugerichte. Die Gaststätte gehört ebenso wie das benachbarte Edelrestaurant Botafumeiro der bekannten Kette Moncho's.
Gràcia • C. Gran de Gràcia 83 • Metro: Fontana (c 2) • Tel. 9 32 18 17 99 • €

Eine Vielzahl von Restaurants säumt die Ramblas (▶ S. 75), den berühmten Flanier-
boulevard von Barcelona. Hier heißt es sehen und gesehen werden ...

CAFÉS

Baixas   ▶ S. 146, A 13

Gemütliches Ambiente • Etwas außerhalb des Zentrums gelegen, aber
gut mit den Ferrocarriles zu erreichen.
Nettes Café mit besonders großer
Auswahl an Kuchen, Gebäck, Prali-
nés, Petits Fours und Konfekt auf hohem Niveau. Auch die Schokoladen
und Sahnetorten sind vorzüglich.
Sehr schön gestaltete Räumlichkeiten im ersten Stockwerk. Sehenswerte Terrasse mit Blick auf die Kirche
Sant Antoni de Padua.

Sarrià-Sant Gervasi • C. de Calaf 9 •
Ferrocarriles: Plaça Molina (c 2) •
www.baixas.es

Bar del Pi   ▶ S. 67, a 1

Jugendliche Szene • Boheme-Café-
Bar mit Pianospieler, die viel von
Künstlern und jungen Leuten be-
sucht wird. Schöne Terrasse, direkt im
Schatten der gotischen Kirche Santa
María del Pi. Innendeko mit vielen
Bildern, Porträts und Karikaturen.
Ciutat Vella • Pl. Sant Josep Oriol 1 •
Metro: Liceu (c 3) • www.bardelpi.com

Baroc ▶ S. 150, C 22

Barockes Unikum • Café im modernen Stil, kombiniert mit barocken Elementen. Pompöses Sofa, außerdem verschiedene Putti und große verzierte Spiegel. Witzige Designdekorationen. Ein Unikum in diesem reichlich designverliebten Viertel.
Ciutat Vella • Espartería 17/C. del Rec 18 • Metro: Jaume I (c/d 3)

Bilbao Berria ▶ S. 150, B 21

Baskische Happen • Große Café-Bar mit schöner Terrasse an der Plaça Nova mit Blick auf die Kathedrale. Moderne Einrichtung. Der Clou hier sind die ausgezeichneten »montaditos« (herzhafte Spießchen auf Weißbrot). Die Küche ist deutlich baskisch geprägt, entsprechend hoch ist das kulinarische Niveau.
Horta-Guinardó • Pl. del Doctor Andreu s/n (Talstation der Zahnradbahn zum Tibidabo) • Ferrocarril: Av. del Tibidabo (c 1)

Café Alfonso ▶ S. 146, C 16

Feine Schinkenspezialitäten • Eigenwilliges Lokal mit einer historisch geschützten Holzspaliereinrichtung von 1934. Kulinarisch hochwertiges Angebot an Schinken (Serrano und Ibérico), diversen Käse- und Wurstsorten, Kutteln, Salaten, herzhaften Tapas, Gebäck und Weinen. Gemütlich, zu den Essenszeiten jedoch häufig überfüllt. Beschaulicher geht es im Innenraum zu, auf der Terrasse herrscht oft viel Trubel. Wegen des guten Speiseangebots mehr als ein Café! Bis 1 Uhr nachts geöffnet.
Eixample • C. Roger de Lluiria 6 • Metro: Urquinaona (c 3) • So und Aug. geschl.

Café El Bosc de les fades
▶ Familientipps, S. 61

Café del Centre ▶ Klappe hinten, f 1

Nostalgisches Flair • Altmodisches, traditionelles Café, angeblich das älteste im Stadtviertel Eixample. Ehemals gab es hier das Casino del Centre aus dem Jahr 1873. Authentische, mit den Jahren allerdings ein wenig abgenutzte Einrichtung. Originelle Marmortische. Stilvolles Ambiente mit dem Charme verklungener Epochen. Vorzüglicher Kaffee.
Eixample • C. Girona 69 • Metro: Girona (d 2) • tgl. bis 22 Uhr, Aug. geschl.

Café de la Opera ▶ S. 150, B 21

Lange Tradition • Angeblich das älteste Café der Stadt, schräg gegenüber der Oper direkt an der Rambla gelegen. Treffpunkt von in Barcelona lebenden Ausländern, Intellektuellen, Touristen, Studenten, Lebenskünstlern, Rambla-Flaneuren und Nachtschwärmern. Köstliche Kuchen und Torten, Kaffee und Drinks.
Ciutat Vella • Rambla del Caputxins 74 • Metro: Liceu (c 3) • www.cafe operabcn.com

La Clandestina ▶ Klappe hinten, d 5

Alternativ angehauchtes Teelokal • Asiatisches Ambiente mit typisch fernöstlichem Dekor. Serviert werden neben klassischen Teesorten auch Aroma- und Gewürztees, außerdem Säfte, Mixgetränke und exotisches Gebäck. Sehr entspannte, ruhige und inspirierende Atmosphäre.
Ciutat Vella • Baixada Viladecols 2 b • Metro: Jaume I (c 3) • meist bis 24 oder 1 Uhr geöffnet, So abend geschl.

Laie ▶ S. 146, C 16

Vergnügliche Lektüre • Ein stilvoll eingerichtetes Café ohne störenden

Rummel, mehr von Insidern als von Touristen besucht. Über der gleichnamigen Buchhandlung (▸ S. 36) gelegen. Erfreulich großes Angebot an internationalen Magazinen und Zeitschriften. Das Schmökern gerät zum Vergnügen, dazu werden Kaffee und Kuchen oder leichte Gerichte, Salate oder Pasta serviert. Preiswertes Frühstück und Mittagsmenü. Bis 1 Uhr nachts geöffnet.
Eixample • C. de Pau Claris 85 • Metro: Catalunya (c 2)

London Bar   ▸ Klappe hinten, b 5
Stil und Geschichte • Die Bar stammt noch aus dem Jahr 1910, als die Szene am Paral.lel einen Aufschwung erfuhr. Gründer war damals ein Kellner, der das Lokal mit viel Initiative betrieb und auch eine Kleinkunstbühne einrichtete. Noch heute gibt es hier zuweilen Livemusikprogramme. Einrichtung und Fassade im gut erhaltenen Jugendstil. Bar-Café mit viel Stil und Geschichte.
Ciutat Vella • Nou de la Rambla 34 • Metro: Liceu (c 3)

Xocolatería Xador
▸ Klappe hinten, e 5
Schokolade und Jugendstil • Beliebte traditionelle Xocolatería und geräumiges Café. Fassade, Mobiliar und Gestaltung sind vom katalanischen Jugendstil geprägt. Ein echter Tipp für kultivierte Genießer.
Ciutat Vella • C. Argentería 65 • Metro: Jaume I (c/d 3)

**GRANJES
(TRADITIONELLE MILCHBARS)**

Camps   ▸ S. 146, B 14
Junges Publikum • Klassische, viel besuchte Granja. Diverse Milchgetränke, auch Süßigkeiten und Toasts.

MERIAN-Tipp   **3**

GRANJA VIADER   ▸ S. 150, B 21
Einer der würdigsten und stilvollsten Vertreter der vom Zeitgeist bedrängten Gattung »granja«. Etwas versteckt in einer schmalen Gasse parallel zur Rambla gelegen und klassisch-nostalgisch mit Marmortischen und Keramikkacheln ausgestattet. Hier gibt es verlockende, stets frische Milchprodukte, darunter raffiniert gemixte Frucht-Milchgetränke, köstliche Sahne und Eis. Himmlisch: die »horchata« (Erdmandelmilch) sowie der hausgemachte Käsekuchen.
Ciutat Vella • C. d'En Xuclà 4–6 • Metro: Liceu oder Catalunya (c 3) • Tel. 9 33 17 10 17 • So, Fei geschl.

Eixample • Rambla de Catalunya 113 • Metro: Diagonal (c 2)

Dulcinea   ▸ S. 67, a 1
Gemütlich • Niveauvolle, alteingesessene Granja nahe der Plaça del Pi mit solidem Angebot an Milchprodukten, Kuchen und Süßspeisen. Gemütliche Einrichtung, dunkles Holz. Viele Stammgäste, Hausfrauen, Studenten und Nachbarn.
Ciutat Vella • C. Petritxol 2 • Metro: Liceu (c 3)

La Granja   ▸ Klappe hinten, d 4
Charme von gestern • Etwas abgewetzte Granja aus längst verklungenen Epochen, aber daher rundweg authentisch. Bei Einheimischen sehr beliebt. Köstliche Trinkschokolade.
Ciutat Vella • Banys Nous 4 • Metro: Liceu (c 3)

grüner
reisen

Wer zu Hause umweltbewusst lebt, möchte dies vielleicht auch im Urlaub tun. Mit unseren Empfehlungen im Kapitel grüner reisen wollen wir Ihnen helfen, Ihre »grünen« Ideale an Ihrem Urlaubsort zu verwirklichen und Menschen zu unterstützen, denen ein verantwortungsvoller Umgang mit der Natur am Herzen liegt.

Vorrang für frische Lebensmittel der Region

Katalonien zählt zu den Regionen Spaniens, in denen die ökologische Landwirtschaft in den letzten Jahren klar an Bedeutung gewonnen hat. In der Metropole Barcelona zeigt sich das an der stattlichen Zahl kleinerer Bio-Läden oder Bio-Supermärkte. Die hier angebotenen Produkte stammen zum hohen Anteil aus dem Umland – das gebietet schon allein der katalanische Patriotismus. Vor allem Gemüse, Obst, Babynahrung, Olivenöle, Säfte und Weine werden nachgefragt. Im Weinsektor hat der Winzer Josep Maria Albet i Noya vorgeführt, wie man erfolgreich katalanische Bio-Weine vermarktet. In den anspruchsvollen Restaurants werden eher selten ausschließlich zertifizierte Bio-Produkte verarbeitet. Großer Wert wird indes auf möglichst saisonale Lebensmittel gelegt, die von Erzeugern aus der Umgebung stammen. Manchmal wird das auf den Speisekarten ausgewiesen.
Bei den Hotels dominiert die Faszination an der Ästhetik des Designs. Umweltverträgliche Aspekte werden beim Bau oder bei der Einrichtung meist nachrangig behandelt. Die Besinnung auf die Vorzüge alternativer Energien hat in jüngster Vergangenheit an Boden gewonnen, könnte aber noch umfassender berücksichtigt werden.

ESSEN UND TRINKEN

L'Embruix   ▶ S. 146, A 15

Sehr individuell gestaltetes Lokal mit Lagerhallendecke, grauen Wänden und etwas geheimnisvollem Ambiente – passend zum Namen L'Embruix, der Zauberer. Café und Restaurant mit vorzüglicher Küche, die sich sehr engagiert der gesunden Ernährung verschrieben hat. Besucher, die großen Wert auf frische vegetarische Lebensmittel oder eine betont ausgewogene Ernährung legen, werden sich wohlfühlen. Die Küche nimmt für sich in Anspruch, dass bei den Gerichten die verwendeten Trockenfrüchte, Gemüse-, Fleisch- und Fischprodukte in einem ernährungsphysiologisch optimal abgestimmten Verhältnis zueinander stehen. Das Stammpublikum weiß die gesundheitsbewussten Aspekte der hiesigen Rezepturen zu schätzen. Eixample • Enric Granados 13 • Metro: Provença (c 2) • Tel. 9 35 32 11 25 • www.lembruixrestaurant.com • Mo–Sa 12.30–16, 20.30–24 Uhr • €/€€

Orgánic   ▶ Klappe hinten, b 4

Hier verbinden sich die Vorzüge einer biologisch-vegetarischen Küche mit einem fröhlichen, geschmackvollen Ambiente. Anregende Einrichtung mit viel Holz, Flechtstühlen, roten Metallsäulen und Pflanzen. Die farbenfrohe Ausstattung erinnert an ein Gartenlokal. Alle Bio-Grundprodukte, viele aus der Region Katalonien, werden frisch angerichtet und mitunter optisch ausgefallen präsentiert. Eine Spezialität des Hauses sind die Blinis. Man spürt das Bemühen, Lebensmittel aus ökologischer Landwirtschaft einem weiteren Publikum zu erschließen. Das tägliche Buffet zeigt die Vielseitigkeit der Küche. Preiswertes Mittagsmenü für rund 10 €. Eines der Flaggschiffe in der gastronomischen Bio-Szene der Stadt. Zentrale Lage nahe der Ramblas. Ciutat Vella • Junta de Comerç 11 • Metro: Liceu (c 3) • Tel. 9 33 01 09 02 • www.antoniaorganickitchen.com • tgl. 12–24 Uhr • €

EINKAUFEN

Albet i Noya

Wenn man sich mit katalanischen Weinen beschäftigt und seinen Fokus auf Bio-Weine richtet, taucht bald der Name Albet i Noya als renommiertester Branchenführer auf. Das Unternehmen ist in der Ortschaft Sant Pau d'Ordal (Provinz Barcelona) ansässig und bewirtschaftet dort nach konsequent ökologischen Richtlinien 76 ha Rebland. Nach dem Tod des Vaters im Jahr 1972 begann der Sohn Josep Maria Albet i Noya damit, die ersten Weine auf der Grundlage ökologischen Weinbaus zu keltern. Was damals in Katalonien noch ein kühnes Projekt war, das viele Winzer für aussichtslos und geschäftlich wenig ergiebig hielten, hat sich inzwischen längst zu einem prominenten Vorzeigeprojekt entwickelt. Josep Maria Albet i Noya gilt also als bekanntester Bio-Winzer Kataloniens, und seine Weine ernten in der Fach- und Publikumspresse großes Lob. Vor allem die große Experimentierfreudigkeit der Firma wird positiv herausgestellt. 15 Rebsorten werden kultiviert, sie ergeben Rot- und Weißweine sowie Cavas. Inzwischen haben die Erzeugnisse die Auslandsmärkte erreicht und werden etwa auch in Deutschland vertrieben. Nach Voranmeldung ist die Bodega zu besichtigen. Dazu zählen auch ein Besuch der Weinberge sowie eine gründliche Information über die Philosophie des Hauses. Weine von Albet i Noya sind in Barcelona in zahlreichen Weinfachgeschäften erhältlich.

Can Venxdrell de la Codina, Sant
Pau d'Ordal • www.albetinoya.com

Barcelona Reykjavik
▸ Klappe hinten, c 3

Sympathischer Bio-Laden mit einem
fabelhaften, viel gepriesenen Back-
sortiment, von vielen Genießern von
außergewöhnlich gutem Brot als Nr. 1
in Barcelona genannt. Hier gibt es
Brotspezialitäten aus Dinkel, Roggen,
Reis, Buchweizen, Hirse oder Kichererbsen. Verwendet werden dabei ausschließlich glutenfreie, bio-zertifizier-
te Rohstoffe. Sehr verlockend auch
das Thymian-, Ingwer- und Olivenbrot
sowie der Ingwer-Zimt- und der Apfel-
kuchen. Neben Gebäck und Broten
wird auch ein Olivenöl aus der in der
katalanischen Provinz Lleida verbrei-
teten Sorte Arbequina angeboten. Der
Name des Geschäfts lässt es schon
vermuten: Es handelt sich hier um
ein katalanisch-isländisches Gemein-
schaftsprojekt, der Besitzer stammt
aus Barcelona, seine Frau aus Reykja-
vik. Zentrale Lage, nicht weit von der
Plaça de Catalunya. Inzwischen gibt es
auch eine Filiale in der C. Princesa 26.
Ciutat Vella • Dr. Dou 12 • Metro: Catalunya (c 3) • www.barcelonareykjavik.
com • Mo–Sa 10–21.30 Uhr

Bio Bio Bio
▸ S. 146, C 13

Dieses im eher wohlhabenden Stadtteil Gràcia gelegene Geschäft bietet
wahrscheinlich das umfassendste Sortiment an Bio-Produkten in der katalanischen Hauptstadt auf. Beachtliche
Auswahl an Weinen, auch aus Katalonien. Beeindruckend ist insbesondere
das Angebot an Kindernahrung, Cava
und Gemüse; eigene Frischtheke und
auf Wunsch umfassende Diätberatung.
Der Laden selbst ist gar nicht so groß,
verfügt aber angeblich über deutlich

größere Lagerräumlichkeiten in der
Nachbarschaft. Insgesamt sind rund
1500 Artikel lieferbar.
Gràcia • Ramón i Cajal 42 • Metro:
Joanic (d 2) • Mo–Fr 9.30–14.30, Sa
10–14.30, 17–21 Uhr

Decor Natura
▸ S. 146, B 15

Dieses Geschäft hat sich auf Artikel
spezialisiert, die aus Naturmaterialien
hergestellt wurden oder die im Rahmen einer möglichst naturbezogenen
Lebensführung zu gebrauchen sind.
Hier dominieren insbesondere Klein-
möbel, Zierdekor und Accessoires für
ein behagliches, inspiriertes Wohnen.
Außerdem werden Kerzen und Kerzen-
halter, Stoffe, Körperpflegeprodukte,
Kämme, Schmuck, Bücher oder sons-
tige Artikel eines grün ausgerichteten
Lifestyle angeboten. Die Atmosphäre
ist ein wenig asiatisch angehaucht,
das Ambiente ist geprägt von starken,
fröhlichen Farben.
Eixample • Consell de Cent 304 •
Metro: Passeig de Gràcia (c 3) •
www.naturaselection.com •
Mo–Sa 10–20.30 Uhr

L'Ànima del Vi
▸ S. 146, C 14

Etwas versteckt in einer kurzen Straße
gelegen, die die Travessera de Gràcia
mit der Plaça Rius i Taulet verbindet.
Das Geschäft existiert seit August 2006.
Zu Beginn umfasste das Sortiment fast
ausschließlich Bio-Weine aus dem benachbarten Frankreich. Inzwischen ist
das Angebot an spanischen Bio-Wei-
nen deutlich angewachsen, und alle
Weine werden unter Umgehung des
Zwischenhandels direkt von kleineren
Winzern bezogen, die noch nach traditionellen bäuerlichen Verfahren wirt-
schaften. Im Laden sorgen spezielle
Klimaschränke für eine optimale Küh-
lung der edlen Tropfen. Manche Weine

Die Salatbar des vegetarischen Restaurants Orgánic (▶ S. 31). Die Qualität der Produkte sowie das zwanglose Ambiente haben das Lokal zum Trendsetter gemacht.

werden auch unter der katalanischen Bezeichnung Vins Naturals vorgestellt. Angenehmes, geschmackvolles Interieur mit einer auffallend schönen Beleuchtung. Das Geschäft scheint sich auch mit über den Weinbereich hinausreichenden Produkten profilieren zu wollen. In diesem Sinne wurde das Sortiment um Essig und Olivenöl auf biologischer Basis erweitert.
Gràcia • Mariana Pineda 3b • Metro: Fontana (c 2) • www.lanimadelvi.com • Di–Sa 11–14, 17–21.30 Uhr

AKTIVITÄTEN

Cap Problema ▶ Klappe hinten, d 5
Erst in jüngerer Vergangenheit hat die Stadtverwaltung Maßnahmen ergriffen, um das Fahrradfahren in Barcelona zu erleichtern. Radwege wurden in der City, vor allem aber an den Strandpromenaden angelegt. Das Ausleihen von Fahrrädern ist populärer geworden, auch bei Besuchern der Stadt. Diesen unverkennbaren Trend hat das Unternehmen Cap Problema aufgegriffen. Es hat Rikschafahrten durch die Innenstadt im Programm und verleiht Klappfahrräder. Standardmäßig gibt es den Fahrradtyp »Brompton«, er ist leicht, trotzdem stabil, verfügt über relativ kleine Räder und lässt sich in vier Schritten mühelos einklappen. Gedacht sind die angebotenen Leihfahrräder für die Mobilität in der Altstadt sowie für Ausflüge zum Hafen oder an den Strand. Die Firma möchte durch die Palette ihrer Aktivitäten einen Beitrag zu einem möglichst umweltschonenden Verkehr in Barcelona leisten.
Ciutat Vella • Plaça Traginers 3 • Metro: Jaume I (c 3) • Tel. 9 33 10 00 82 • www.capproblema.com • Di–Fr 10–20.30, Sa 12–15, 17–21 Uhr

Einkaufen

Barcelona ist eine exzellente Adresse für Mode, Designerprodukte, Schmuck und Delikatessen aus Katalonien. Das Qualitätsniveau ist durchwegs hoch, und die Preise sind entsprechend.

◄ Am Passeig de Gràcia reihen sich edle Boutiquen und Designershops – hier das Vinçon (▶ S. 39) – aneinander.

Barcelona ist ein Shopping-Paradies. Das Preisniveau ist zwar im Vergleich mit anderen spanischen Städten hoch, aber die Qualität der Erzeugnisse, vornehmlich bei Textilien, Lederwaren, Dessous, Antiquitäten, Schmuck, Designerobjekten oder Mode, erfüllt meist höchste Ansprüche. Katalanische Designer genießen auch außerhalb Spaniens einen erstklassigen Ruf.

Qualität und Exklusivität

Die als **Goldenes Viereck** bezeichnete Einkaufszone rings um den Passeig de Gràcia und die Rambla de Catalunya, seit ihrem Entstehen Sitz des finanzkräftigen Bürgertums, war immer exquisit, aber auch teuer. Hier ballen sich Boutiquen, Galerien, Mode-, Schmuck- und Möbelgeschäfte für eine vermögende Klientel. Ebenfalls auf Konsumartikel gehobenen Niveaus haben sich die Läden der **Avinguda Diagonal** zwischen der Plaça Francesc Macià und den Metrostationen Diagonal und María Cristina eingestellt. Andere Einkaufszonen, weniger exklusiv, sind die **Ramblas** zwischen Plaça de Catalunya und Monument a Colom sowie die gesamte **Altstadt** zwischen den Ramblas, der Kathedrale und dem Palau de la Música. Hier drängen sich besonders viele Geschäfte im Bereich der Straßenzüge Ferrán, Boquería, Portaferrissa und Portal de l'Àngel. Die Einzelhandelsgeschäfte öffnen in der Regel um 9 Uhr, schließen während der Mittagspause zwischen 13 und 14 Uhr und sind danach wieder bis 20 Uhr oder länger geöffnet. Supermärkte oder Warenhäuser sind meist durchgehend von 10 bis 22 Uhr geöffnet. Samstagnachmittags sind viele Geschäfte geschlossen.

ANTIQUITÄTEN

Viele Läden konzentrieren sich in der Carrer Banys Nous nahe der Kathedrale und entlang der Carrer de la Palla im Barri Gòtic. Mitten in der Eixample finden sich am **Bulevard dels Antiquaris** (Pg. de Gràcia 55; www.bulevarddelsantiquaris.com) mehr als 50 einschlägige Läden.

BÜCHER

Alibri ▶ S. 146, B 16
Umfassendes Sortiment an deutschsprachigen Buchtiteln.
Eixample • C. de Balmes 26 • Metro: Universitat (c 2) • www.alibri.es

Altaïr
Eine vorbildlich sortierte Reisebuchhandlung. Reiseliteratur aus Gegenwart und Vergangenheit. Fast alles über ferne Länder, aber auch über Barcelona, Katalonien und Spanien. Naturführer.
www.altair.es
– Eixample • Gran Via 616 • Metro: Universitat (c 2) ▶ S. 146, B 16
– Eixample • C. de Balmes 69 (hier nur Nautikliteratur) • Metro: Gràcia (c 2) ▶ S. 146, B 15

La Casa del Llibre ▶ S. 146, B 15
Neues und interessantes Buchhandelsprojekt, Initiative der Edicions Planeta in Zusammenarbeit mit anderen Verlagen. Größte, vielseitigste Buchhandlung der Stadt. Belletristik, Gastronomie, breites Angebot an Literatur über Barcelona und Katalonien. Zentrale Lage, guter Service.
Eixample • Pg. de Gràcia 62 • Metro: Gràcia (c 2)

Laie ▶ S. 146, C 16

Auffällig kundenfreundlich geführte Buchhandlung mit reichem Angebot in den Bereichen Literatur, Kultur und Neuerscheinungen. Angeschlossen ist ein angenehmes Café.
Eixample • C. de Pau Claris 85 • Metro: Urquinaona (c 3) • www.laie.es

Librería Fabre ▶ S. 146, B 15

Renommierte Adresse für deutschsprachige Bücher aus den verschiedensten Themenbereichen. Literatur, Kinderbücher, audiovisuelle Lernhilfen. Die bewährte Institution existiert bereits seit dem Jahr 1860.
Eixample • Rambla de Catalunya 52 • Metro: Passeig de Gràcia (c 3) • www.libreriafabre.com

---

MERIAN-Tipp 4

CACAO SAMPAKA ▶ S. 146, B 15

Schokolade ist ein Trendthema in Barcelona. Cacao Sampaka gehört dem Bruder des prominenten katalanischen Kochs Ferran Adrià (Molekularküche) und repräsentiert die höchste Stufe der anspruchsvollen Schokoladen-Begeisterung. Albert Adrià beliefert in Barcelona und im restlichen Katalonien auch die Top-Gastronomie mit edelsten Schokoladen sowie anderen Zutaten für exquisite Nachspeisen. Cacao Sampaka ist ein weiteres Beispiel für die enge Verbindung der Familie Adrià mit der Gastronomie Barcelonas. Für Schokoladen-Freaks zweifellos die beste Adresse weit und breit.
Eixample • C. Consell de Cent 292 • Metro: Gràcia (c 2) • www.cacaosampaka.com

---

Librería Quera ▶ Klappe hinten, c 4

Kleiner, uriger Laden, spezialisiert auf Fachliteratur zu den Themen Wandern und Bergsteigen.
Ciutat Vella • C. Petritxol 2 • Metro: Liceu (c 3)

DELIKATESSEN

Antigua Casa Figueras, Pastissería Escribà

Gemischte Feinkost und Schokolade, Mousse, wunderbare Kuchenkreationen und Eis aus eigener Herstellung. Sehr schöne Jugendstileinrichtung. Berühmt für edle Konditoreierzeugnisse ist die Filiale in der Gran Via.
www.escriba.es
– Ciutat Vella • Las Ramblas 83 •
Metro: Liceu (c 3) ▶ S. 150, B 21
– Eixample • Gran Via 546 •
Metro: Urgell (c 2) ▶ S. 145, F 12

Bombonería Pons ▶ S. 144, B 11

Für Pralinenfreunde ein Ort höherer Glückseligkeit. Familienbetrieb mit eigener Schokoladenherstellung seit 1961, der vorzugsweise Pralinen, Mandelkonfekt (»turrón«) und herkömmliche Konditoreiwaren anbietet. Vor allem im Winter führt das Haus mehr als 20 diverse Pralinen aus eigener Herstellung. Die prominenteste heißt »Crema Cremada«, eine stadtbekannte Köstlichkeit, für die Kunden von weit her kommen. Um Allerheiligen sehr beliebte Mandelplätzchen (»panellets«) und besondere Kreationen in der Osterzeit.
Sants-Montjuïc • C. Olzinelles 78 • Metro: Pl. de Sants (b 2) • www.bomboneriapons.com

Caelum ▶ Klappe hinten, d 4

Lebensmittel, Delikatessen und andere Produkte aus spanischen Klöstern. Diverse Marmeladen, Plätzchen

Cacao Sampaka (▶ MERIAN-Tipp, S. 36) versteht sich als Zentrale der Kakao- und Schokoladenkultur. Alle Produkte werden in den eigenen Werkstätten hergestellt.

und anderes Gebäck, getrocknete Pilze, Öle, verschiedene Escalivadas (Gemüsekonserven aus Katalonien), außerdem Wein, Spirituosen, Kerzen. Viele Produkte entsprechen Bio-Standards. Angemessene Preise. Angegliedert ist ein Café.
Ciutat Vella • C. de la Palla 8 • Metro: Liceu (c 3) • www.caelumbarcelona.com

Colmado J. Múrria
▶ Klappe hinten, e 1

Im Jahr 1898 als reine Kaffeerösterei im Stil des frühen Modernisme an einer der prächtigsten Kreuzungen des Eixample-Viertels eröffnet. 1943 restauriert und seither Feinkostgeschäft. Die schöne historische Außenfassade ist noch ganz erhalten. Typisch katalanischer Colmado-Laden mit einem sehr guten Angebot kulinarischer Erzeugnisse für die gut situierte Kundschaft des Viertels. Spanische Wurstwaren und Räucherfisch aus nordeuropäischen Ländern,

Tee, Schokolade, Weine und eine hauseigene Cava-Marke. Besonders gut sortiert im Bereich Käse, auch einige Spezialitäten von kleinen Käsereien aus den katalanischen Pyrenäen werden angeboten.
Eixample • Roger de Lluria 85 • Metro: Gràcia (c 3) • www.murria.cat

La Colmena
▶ Klappe hinten, d 5

Diese traditionsreiche Konditorei besteht seit über 100 Jahren. Exquisite Auswahl an Bonbons, »cocas« (Teigfladen), Kuchen, »turrón«, »esponjat« (Fruchtbaiser).
Ciutat Vella • Pl. del Àngel 12 • Metro: Jaume I (c 3)

Casa Colomina
▶ Klappe hinten, d 4

Besteht seit 1908. Edle Süßigkeiten: vielerlei Sorten »turrón« (eine Art Mandelkonfekt), Früchtebrot, Torten, Kreationen in Schokolade.
Ciutat Vella • C. de Cucurulla 2 • Metro: Liceu (c 3) • www.casacolomina.com

MERIAN-Tipp **5**

CELLER DE GELIDA
▶ S. 144, C 10

In vierter Generation geführtes Weinhaus mit umfassendem Lager. Alle bedeutenden Qualitätsweine Spaniens, auch ausländische Weine und Spirituosen. Über 120 Jahre alter Weinkeller mit erlesenen Raritäten. Übersichtliches Sortiment, profunde Information, vorbildlicher Service.
Eixample • C. del Vallespir 65 • Metro: Plaça del Centre (c 2)

Casa Gispert
▶ S. 150, C 22

Der 1840 gegründete Familienbetrieb für erlesene Feinkostwaren mit einer historischen Inneneinrichtung liegt in der Nachbarschaft der Kirche Santa María del Mar. Nüsse, edle Marmeladen, Mandeln, Kräuter, Olivenöl, Essig. In den Sommermonaten feines Speiseeis aus eigener Produktion.
Ciutat Vella • C. dels Sombrerers 23 • Metro: Jaume I (c 3) • www.casa gispert.com

Formatgeria La Seu
▶ Klappe hinten, d 5

Winziger, aber mit großem Engagement geführter Käseladen mit einem einzigartig umfassenden Angebot. Hier findet man auch viele seltene Käsesorten kleiner Käsereien aus ganz Spanien, z. B. Blauschimmelkäse aus Asturien und Kantabrien sowie Arzua-Käse aus Galicien, geräucherter Käse aus dem Baskenland und katalanische Sorten aus den Pyrenäen.
Ciutat Vella • C. Dagueria 16 • Metro: Jaume I (c 3) • www.format gerialaseu.com

Herbolari del Rei
▶ Klappe hinten, c 5

Sehenswerter, uralter Kräuterladen in der Altstadt. Spezereien, Gewürze und Mittelmeerkräuter. Zuvorkommende, fachkundige Beratung.
Ciutat Vella • C. Vidre 1 • Metro: Liceu (c 3)

Lafuente
▶ S. 150, B 21

Kompaktes, bis unter die Decke gestapeltes Sammelsurium an spanischen und internationalen Delikatessen. Alte Brandy-Marken, beachtliche Auswahl an spanischen Weinen und katalanischen Cavas. Reelle Preise.
Ciutat Vella • C. de Ferrán 20 • Metro: Liceu (c 3) • www.lafuente.es

El Magnífico
▶ Klappe hinten, e 5

Seit 1919 eine renommierte Adresse für Tee und Kaffee. Mehr als 20 Kaffee- und sogar 90 Teesorten sind im Angebot. Kaffeebohnen aus Lateinamerika, Hawaii, Kenia, Sambia und Jamaika. Auch eigene Mischungen.
Ciutat Vella • C. Argentería 64 • Metro: Jaume I (c 3) • www.cafesel magnifico.com

Monvínic
▶ S. 146, D 15/16

Eine der besten Adressen für katalanische, spanische und internationale Weine. Enorm große Auswahl, fachkundige Beratung, eigene Abteilung mit Fachliteratur über Wein und Verkostungsmöglichkeiten vor Ort. Dazu gehört auch eine Wein-Bar. Modernes, avantgardistisches Interieur.
Eixample • C. Diputació 249 • Metro: Pg. de Gràcia (c 2) • www.monvinic.com

Pastissería Sirvent
▶ S. 149, F 17

Exquisite Feinbäckerei und elegantes Café. Neben edlen Konditoreiwaren große Auswahl an »turrón« (Mandel-

konfekt) und »horchata« (Erdman-delmilch). Die stets frisch zubereitete »horchata« genießt in der ganzen Stadt einen fabelhaften Ruf.
Ciutat Vella • C. Parlament 56 •
Metro: Paral.lel (c 3) • www.turrones sirvent.com

Vinacoteca Xarcuteria L'Hereu
▶ S. 149, F 17

Delikatessen, Weine und Cavas. Für Getränke eines der am besten sortierten Geschäfte der Stadt. Die Leitung untersteht dem preisgekrönten Sommelier Jaume Pont.
Ciutat Vella • C. del Comte Borrell 30 •
Metro: Paral.lel (c 3)

DESIGN
Vinçon
▶ S. 146, B 14

Anspruchsvolles Haushaltsdesign, vom Tafelgeschirr über Lampen und Küchengeräte bis zu Stoffdrapierungen und Werkzeugen. Der sehenswerte Laden wurde 1973 in einem sehr schönen Modernismepalais des Malers Ramon Casas eingerichtet. Gebrauchsdesign auf hohem Niveau.
Eixample • Pg. de Gràcia 96 • Metro:
Diagonal (c 2) • www.vincon.com

GESCHENKE
Esencial Mediterráneo
▶ S. 146, B 15

Naturextrakte, Kräuter, Essenzen, Tinkturen, Öle, Seifen und viele andere Duftartikel in großer Auswahl.
Eixample • Rambla de Catalunya 42 •
Metro: Gràcia (c 2) • www.esencial mediterraneo.com

Marañon, Un Mundo de Hamacas
▶ Klappe hinten, c 6

Die gesamte Welt der Hängematten in unterschiedlichen Größen, Formen, Farben. Dazu die passenden Accessoires und Moskitonetze.
Ciutat Vella • C. Josep Anselm Clave 3 •
Metro: Drassanes (c 3) • www.mundo dehamacas.es

Eine Vielzahl süßer Verführungen lockt in den Auslagen der Konditorei La Colmena (▶ S. 37). Die Besitzer legen Wert auf Tradition – hier wird noch von Hand verpackt!

Nüsse, getrocknete Früchte, feine Marmeladen, Kräuter, Olivenöl, Kakao – in der traditionsreichen Casa Gispert (▶ S. 38) beim Picasso-Museum darf man von vielem kosten.

Papirum ▶ S. 67, c 2

Handgeschöpfte Papiersorten sowie Schreibsets, klassische Schreibbücher in vielen Farben und Modellen. Spezialität des Hauses: Man kann hier Manuskripte aller Art in edle Umschläge aus Leder binden lassen.
Ciutat Vella • C. Llibreteria 2 • Metro: Jaume I (c 3)

Textura ▶ S. 146, B 14

Die mit über 60 Filialen in Katalonien führende Ladenkette für feine Tischwäsche, Bettbezüge und Decken in großer Auswahl. Neben klassischem Dekor finden sich dabei oft auch schöne provenzalische Motive.
Eixample • C. Rosselló 224 • Metro: Diagonal (c 2) • www.textura-interiors.com

FÜR KINDER

Barruguet ▶ Klappe hinten, c 2

Spielwarengeschäft, das auch internationale Marken führt und traditionelles Spielzeug anbietet: Theater, Kaufläden, Kasperle und Puppenhäuser. Nicht sehr groß, aber gut sortiert und hoher Qualitätsstandard.
Eixample • Gran Via 620 • Metro: Universitat (c 2) • www.barruguet.com

El Palacio del Juguete
  ▶ Klappe hinten, d 4

Bereits im Jahr 1936 gegründeter Spielwarenladen, ein Großteil der Originaleinrichtung blieb erhalten. Schöne Glasvitrinen, enge Räumlichkeit. Alle Sparten von Spielzeug für Kinder im Alter von 4 bis 12 Jahren.
Ciutat Vella • C. dels Arcs 8 • Metro: Jaume I (c 3) • www.palaciodeljuguete.net

MÄRKTE

Mercat de la Barceloneta
  ▶ S. 150, C 23

Komplett erneuerte Markthalle im ehemaligen Fischerviertel Barceloneta. Besonders abwechslungsreiches Angebot an frischem Fisch und Meeresfrüchten. Außerdem Obst und Ge-

müse sowie andere Lebensmittel der Saison. Günstige Preise.
Barceloneta • Pl. de la Font s/n • Metro: Barceloneta (c/d 3) • Mo–Sa 8–20 Uhr

Mercat de la Concepció
▶ S. 146, C 15

Renovierter, modernisierter Markt. Einige Produkte mit hohem Preisniveau für ein anspruchsvolles Publikum. Großes Angebot an Frischprodukten, insbesondere Fleisch, Obst und Gemüse, Wurstwaren, Fisch, Feinkost, Delikatessen und Blumen.
Eixample • C. de València 332–336 • Metro: Girona (d 2) • Mo–Sa 8–20 Uhr

Mercat Santa Caterina
▶ Klappe hinten, e 4

Der einst bescheidene Altstadtmarkt in einer nüchternen Halle aus dem Jahr 1895 wurde abgerissen und nach komplettem Neubau 2005 eröffnet. Das Ergebnis ist ein weiteres architektonisches Prunkstück Barcelonas. Unter drei geschwungenen Pultdächern auf filigranen Betonstützen und Metallstreben, die Seiten mit Rundbögen verkleidet, bietet der Markt Raum für ca. 50 locker angeordnete moderne Stände und mehrere Bars.
Ciutat Vella • Av. Francesc Cambó • Metro: Jaume I (c 3) • Mo–Sa ab 8 Uhr

MODE

Lydia Delgado
▶ S. 146, B 14

Produkte einer inzwischen recht bekannten Modeschöpferin mit sehr ausgeprägt weiblich-romantischem Stil. Schöne Trägerkleider. Solide und fachkundige Verarbeitung von hochwertigen Textilien. Hochoriginneller Minishop in einer Seitengasse.
Eixample • C. Minerva 21 • Metro: Diagonal (c 2)

Adolfo Domínguez
▶ S. 146, B 15

Damen- und Herrenbekleidung des berühmten Modeschöpfers. Saloppe Leinenanzüge, dazu elegante Hemden, Kostüme, Blusen. Kultivierte Eleganz ganz im Hochpreisbereich.
Eixample • Pg. de Gràcia 32, Av. Diagonal 490 und Av. Pau Casals 5 • Metro: Diagonal (c 2) • www.adolfo domínguez.com

Ribes i Casals
▶ S. 146, C 16

Besteht seit 1933 und führt die große Tradition der Stadt im Textileinzelhandel fort. Stoffe und Tuche in allen Qualitätsstufen, vom Schürzenstoff bis zum Designertuch; auch in kleinen Mengen. Durchweg günstige Preise.
Eixample • C. Pau Claris 79–81 • Metro: Urquinaona (c 3) • www.ribes icasals.com

---

MERIAN-Tipp 6

COLMADO QUILEZ
▶ S. 146, B 15

Liebenswert gepflegter Kolonialwarenladen (»colmado«) für katalanische, spanische und internationale Delikatessen. Gourmets kaufen hier katalanische Wurstwaren, würzigen Schinken, Käsesorten, edle Fischkonserven, Süßwaren, Olivenöle, Cavas, Weine und Spirituosen. Es gibt eine große Auswahl an Weinen aus den Anbaugebieten Kataloniens sowie aus La Rioja, Ribera del Duero, Rueda, Somontano, Cariñena, Rias Baixas etc. und ein Riesenangebot an internationalen Bieren.
Eixample • Rambla de Catalunya 63 • Metro: Gràcia (c 2) • www. lafuente.es

Die Adresse für die Spitzenköche der Stadt. Auf dem Mercat de la Boquería (▸ MERIAN-Tipp, S. 43) findet man eine überwältigende Vielfalt an Obst, Gemüse, Fleisch und Fisch.

PORZELLAN UND KERAMIK

Art Escudellers ▸ S. 150, B 22

Immens große Auswahl an volkstümlichen und künstlerischen Erzeugnissen aus vielen spanischen Provinzen. Darunter finden sich schöne Kacheln, Vasen, Krüge und andere Behältnisse. Auch große, künstlerisch ambitionierte Keramikobjekte. Im Tiefgeschoss befindet sich eine kleine Weinstube.
Ciutat Vella • C. dels Escudellers 23–25 • Metro: Drassanes (c 3) • www.escudellers-art.com

Sargadelos ▸ S. 146, B 14/15

Kunstvoll gestaltete Keramik aus der in ganz Spanien berühmten Sargadelos-Werkstatt in der galicischen Provinz Lugo. In Form und Farbe einzigartige Stücke. Hohes Preisniveau, aber sehr lohnendes Sortiment.
Eixample • C. de Provença 274 • Metro: Diagonal (c 2) • www.sargadelos.com

SCHMUCK

Ánima ▸ S. 145, F 9

Originelles, exklusives Schmuckgeschäft. Sehr ungewöhnliche Kombi-

nationen mit Gold, Bernstein, weißen Perlen, grauen Steinen oder Korallen. Vorzügliche, sehr solide Ringfassungen. Alle Objekte zeigen Leidenschaft und ein gutes Gespür für Maß und Harmonie. Sehr gut abgestimmt auf das Designfieber der Stadt. Gehobenes Preisniveau.
Sarrià-Sant Gervasi • C. del Mestre Nicolau 16 • Metro: Hospital Clínic (c 2) • www.animabcn.com

Flash de Rabat   ▸ S. 146, B 14

Eigene Markenprodukion. Alle ausgestellten Schmuckformen sind betont groß, stets symmetrisch, plakativ und strahlend. Makelloser Glanz gilt als Markenzeichen dieser Linie.
Eixample • Pg. de Gràcia 59 • Metro: Diagonal (c 2)

Majoral   ▸ Klappe hinten, e 5

Exklusiver Designerschmuck, oft aus der Verbindung von hochwertigen Edelmetallen mit einfachen Naturmaterialien gefertigt. Anspruchsvolle Stammkundschaft. Immer wieder interessante Schmuckkreationen.
Ciutat Vella • C. Argentería 66 (Galeria Alea) • Metro: Jaume I (c 3) • www.majoral.com

SCHUHE

Camper   ▸ S. 146, B 15

Damen- und Herrenschuhe der bekannten mallorquinischen Firma, die unter der Marke Camper hochsolide gefertigte, salopp oder elegant gestylte Designerschuhe vertreibt.
Eixample • C. de València 249 • Metro: Gràcia (c 2) • www.camper.com

Cristina Castañer   ▸ S. 145, F 9

Leichte Sommerschuhe aus Leinen, entwickelt als Verschönerung der früher gängigen Strandschuhe Es-pardenyas. Generell sind Schuhe für die heiße Jahreszeit führend in der Kollektion dieser spanischen Schuh-Designerin. Sie spielt mit allen Stilrichtungen und Farben. Auch Ware gediegener Eleganz, große Auswahl.
Sarrià-Sant Gervasi • C. Mestre Nicolau • Ferrocarriles: Muntaner (c 2) • www.castaner.com

La Manual Alpargatera   ▸ S. 67, a 3

Seit mehr als 200 Jahren bestehendes Fachgeschäft für »alpargatas«. Die Sohlen dieser leichten, im Sommer beliebten Leinenschuhe bestehen traditionell aus gepresstem Hanf.
Ciutat Vella • C. d'Avinyó 7 • Metro: Liceu (c 3) • www.lamanual.com

---

MERIAN-Tipp

MERCAT DE LA BOQUERÍA
▸ S. 150, A/B 21

Ein Erlebnis: der Wochenmarkt für Lebensmittel und Delikatessen mit seiner würdevollen Markthalle, deren eiserne Dachkonstruktion aus dem Jahr 1915 stammt. Reiches Sortiment an Früchten, Gemüse, Fleisch- und Wurstwaren, Fisch, Kräutern oder Pilzen. Mit 13 600 qm die größte Markthalle Kataloniens – wenn nicht sogar Spaniens. Der Name Boquería stammt wahrscheinlich vom alten katalanischen Wort »boc« für Fleisch. Die Begründung dieses Marktplatzes geht auf das Jahr 1840 zurück; andere Quellen datieren den Beginn der hiesigen Markttätigkeit bereits auf 1217.
Ciutat Vella • La Rambla de Sant Josep 105 • Metro: Liceu (c 3) • Mo–Sa 8–19 Uhr

Im Fokus

Nationalgetränk Cava Sei es im Alltag oder bei den zahlreichen Festen – ein Gläschen Schaumwein gehört in Katalonien stets dazu.

Der Weinkeller wird im Katalanischen als Cava bezeichnet. Viel häufiger trifft man auf dieses Wort allerdings in einem ganz anderen Zusammenhang. Immer dort, wo in Katalonien gefeiert wird, wo ein Jubiläum begangen, wo geheiratet, ein geschäftlicher Erfolg besiegelt, eine Ausstellung eröffnet oder jedwede Erfreulichkeit gebührend ausgekostet wird, ist ein Gläschen Cava nicht fern.

Favorit der Katalanen

Damit sind wir beim katalanischen Nationalgetränk Cava. Diese Bezeichnung dürfen nur Schaumweine tragen, die in Flaschengärung nach der traditionellen Champagner-Methode ausge-baut sind und aus Katalonien oder einigen kleineren, eng umgrenzten Gebieten aus den spanischen Regionen Aragón, Navarra, La Rioja, Extremadura oder Valencia stammen. Die mit Abstand meisten Cava-Kellereien befinden sich aber in Katalonien. Auch der größte Teil der gesetzlich definierten Produktionsgebiete innerhalb der Herkunftsbezeichnung Cava (Denominación de Origen Cava, D.O.) liegt auf katalanischem Territorium. Das Recht auf die Herstellung von Cava genießen immerhin 63 Gemeinden in der Provinz Barcelona, 52 in der Provinz Tarragona, 12 in Lleida und fünf in Girona. Das unterstreicht die besondere Verbundenheit der Katalanen zu diesem Getränk.

◀ Die Weinkeller des Cava-Herstellers Codorníu erstrecken sich über 25 km.

Kontrollierte Rebsorten

Die drei weißen Rebsorten für die klassische Cava-Cuvée heißen Macabeo (auch Viura genannt), Xarel.lo und Parellada. Alle drei Sorten werden in Katalonien in großem Umfang kultiviert – auch für weiße Stillweine. Zugelassen sind für die Cava-Produktion ebenfalls die weißen Sorten Subirat (auch Malvasía Riojana genannt) sowie – seit einigen Jahren – Chardonnay.

Weiße Cavas dominieren auf dem Markt, aber es gibt auch Rosé-Cavas, die mitunter ein erstaunlich angenehmes Aroma aufweisen. Für diese Produkte sind die roten Rebsorten Garnacha Tinta, Monastrell, Trepat und Pinot Noir zugelassen.

Grundsätzlich werden je nach dem Zuckergehalt sieben Cava-Typen unterschieden. »Dulce« steht für sehr süß, »semiseco« für süß und »seco« für trocken. »Extra seco« gilt als sehr trocken, »brut« bedeutet herb, »extra brut« strengherb und »brut nature« naturherb; hier sind nur 0 bis 3 g Restzucker pro Liter erlaubt.

Cava-Woche im Oktober

Zentrum der katalanischen Cava-Produktion ist das südwestlich von Barcelona gelegene Anbaugebiet Penedès mit seinem mediterranen Klima und unterschiedlichen Höhenstufen. Viele der Cava-Firmen haben sich in Sant Sadurní d'Anoia und der Umgebung niedergelassen. Dort findet meist zwischen dem 6. und 13. Oktober eine spezielle Cava-Woche statt. Dann wird die Cava-Königin gekürt und die Zusammensetzung der Berufsvereinigung der Cava-Hersteller gewählt. Außerdem öffnen die Produzenten an einem »Tag der offenen Tür« ihre Betriebe, um dem Publikum die Herstellung dieses anregenden Schaumweins zu erläutern. Sitz des Cava-Kontrollrates (www.crcava.es) ist die Stadt Vilafranca del Penedès (▶ Ausflüge, S. 113), wo es auch ein interessantes Weinbaumuseum (Museu del Vi) zu besichtigen gibt. Infos über Besuchsmöglichkeiten auf den jeweiligen Internetseiten, oft ist eine Anmeldung notwendig.

Gerade im Ausland sind die beiden Großproduzenten Codorníu (www.codorniu.es) und Freixenet (www.freixenet.es) ein Begriff. Daneben gibt es noch eine Vielzahl von kleineren und mittleren Betrieben, die außerhalb Kataloniens kaum bekannt sind, aber mit vorzüglichen Produkten aufwarten können. Wer die ganze Geschmackspalette dieses typisch katalanischen Getränks auskosten möchte, sollte zu den Erzeugnissen der eher unbekannten Firmen greifen. Gerade in den speziellen Cava-Bars, Xampanyerías genannt (▶ S. 53), bietet sich die Möglichkeit, verschiedene Marken bzw. Produkte unterschiedlicher Hersteller in Ruhe zu vergleichen.

Agustí Torelló
www.agustitorellomata.com
Albet i Noya
www.albetinoya.com
Jané Ventura
www.janeventura.com
Juvé & Camps
www.juveycamps.com
Parxet
www.parxet.es
Pinord
www.pinord.es
Raventós i Blanc
www.raventos.com
Segura Viudas
www.seguraviudas.com

Am Abend Barcelona ist das perfekte Pflaster für Nachteulen. Designer-, Cava- und Cocktailbars, aber auch Jazzclubs, altertümliche Tanzpaläste oder Varieteetheater warten allabendlich auf eine amüsierwillige Meute.

◂ Barcelonas Nachtleben ist legendär. Zu den Top-Locations gehört der Sutton Club (▸ S. 52) mit riesiger Tanzfläche.

Barcelona ist bekannt für sein lebhaftes Nachtleben. Bars, Kneipen und Discos gibt es allein im Zentrum der Stadt in schier unendlicher Zahl und mit ganz unterschiedlichem Charakter. Viele dieser Vergnügungsstätten öffnen erst um 22 oder gar 23 Uhr, und die Stimmung erreicht erst nach Mitternacht ihren Höhepunkt. Generell gilt: Am Freitag- und Samstagabend ist der Andrang stets am größten. Wenn Sie eine bestimmte Bar oder einen Club unbedingt erleben wollen, kommen Sie also frühzeitig, dann gibt es meist noch genügend Plätze.

Zentral gelegen und empfehlenswert ist das **Maremàgnum** mit Discos (oft kostenloser Eintritt), Bars und Restaurants. Einen Spaziergang von den Ramblas aus hierher sollte man nicht versäumen. Ein weiteres Vergnügungszentrum liegt rund um den **Port Olímpic**. Hier befindet sich neben zahlreichen Terrassenbars und -restaurants, Clubs und Diskotheken auch das **Casino de Barcelona**. Infos über Veranstaltungen und das kulturelle Angebot Barcelonas finden sich in der wöchentlich am Donnerstag erscheinenden Zeitschrift »Guía del Ocio« (www.guiadelociobcn.com).

BARS UND KNEIPEN

La Báscula   ▸ S. 150, C 21

Mitten in der Altstadt gelegene Bar in einer ehemaligen Werkshalle. Szenetreff für Freiberufler, Fotografen, Architekten, Studenten. Interessante Raumaufteilung durch Säulen und Halbwände. Es gibt auch Tees und vegetarische Snacks.

Ciutat Vella • C. dels Flassaders 30 • Metro: Jaume I. (d 3) • Tel. 9 33 19 98 66 • Mi–Fr 19–24, Sa 13–24 Uhr

Boadas   ▸ S. 146, A 16

Kleine, legendäre Cocktailbar, in der schon Ernest Hemingway verkehrte. Seit dem Jahr 1933 ein beliebter Treffpunkt von Intellektuellen und Cocktailfans. Drinks auf höchstem Niveau. Angenehm gepflegtes Ambiente, viele Stammgäste.

Ciutat Vella • C. dels Tallers 1 • Metro: Catalunya (c 2) • Mo–Sa 12–2 Uhr

Café Royale   ▸ Klappe hinten, c 5

Die derzeit führende Designerbar. Elegant, geradezu luxuriös, verspielt und heiter. Leichte, anregende Musik, gepflegtes Ambiente. Zentral an der Plaça Reial gelegen. Beliebter Treff für die späte Nacht nach 22 Uhr.

Ciutat Vella • C. Nou de Zurbano 3 • Metro: Liceu (c 3) • Fr, Sa 18–2.30, So–Do 18–3 Uhr

El Cangrejo   ▸ Klappe hinten, b 6

Berüchtigte, rundum kitschig eingerichtete Spelunke im Barrio Chino. Der bizarre Ort, inzwischen kein Geheimtipp mehr, zieht ein buntes Publikum an: Größen der Halbwelt, Spieler, Lebenskünstler, stadtbekannte Bohemiens, schräge Vögel, Matrosen und Tänzerinnen. Meist schnulzige Musik, auch Tango, Rumba.

Ciutat Vella • C. Montserrat 9 • Metro: Drassanes (c 3) • 19–3 Uhr, So geschl.

La Confitería   ▸ S. 150, A 21

Ehemalige Süßwarenhandlung aus der Epoche des Jugendstils. Zahlreiche originale Glasvitrinen und Spiegel, stilvolle Lampen, Marmortresen, witzige antiquierte Kasse. In diesem fraglos originellen Ambiente werden

exquisite kleine Häppchen (Sardellen und Gänseleberpastete) sowie gute Weine und Spirituosen serviert. Gemischtes Publikum, kultivierte, anregende Stimmung.
Ciutat Vella • C. Sant Pau 128 • Metro: Paral.lel (c 3) • Mo–Sa 19–3, So bis 2 Uhr

Cooler   ▸ S. 146, B 15

Niveauvolle Coctelería für ein anspruchsvolles Publikum. Eine Empfehlung für Freunde von klassischen oder ausgefallenen Cocktails. Große Auswahl, eigene Kreationen, auch alkoholfreie Cocktails. Professioneller, erfahrener Service. Ruhige, entspannende Atmosphäre in einem modernen, hellen Interieur. Zugänglich auch für Rollstuhlfahrer.
Eixample • C. de Mallorca 196 • Metro: Passeig de Gràcia (c 2) • www.coctele riacooler.com • Di–Do 12–1.30, Fr, Sa 12–3 Uhr

Gimlet   ▸ S. 150, C 21

Was die Cocktails betrifft, auf gleichem Niveau wie das Boadas (▸ S. 47). Professioneller Service, Designerausstattung, angenehme Musik, häufig guter Jazz. Besonders beliebt bei Intellektuellen und der Kulturszene.
Ciutat Vella • C. del Rec 24 • Metro: Jaume I (c 3) • 19–3 Uhr, So geschl.

Ginger   ▸ Klappe hinten, d 5

Originelles, witziges Lokal mit reichlich Glamour. Art-déco-Elemente, aber auch ultramodernes Design, halb Altstadtlokal, halb Schiffsbar oder Eisenbahnwaggon. Exquisites Weinangebot; auch Spirituosen und Cocktails. Dazu werden verlockend herzhafte Tapas serviert. Vor allem für Weinfreunde rundweg empfehlenswert. Am Wochenende sehr belebt.
Ciutat Vella • Pl. Sant Just 1 • Metro: Jaume I (c 3) • Mo–Do bis 2, Fr, Sa bis 3 Uhr, So geschl.

Atemberaubend ist der weite Blick durch die Panoramafenster des Clubs Mirablau (▸ MERIAN-Tipp, S. 51). Es gibt eine Tapas-Bar, eine Disco und eine kleine Terrasse.

Milk
▶ S. 150, B 22

Originelle, gepflegte Altstadt-Bar im Stil eines Luxussalons. Handgefertigte antike Sofas, edle Tapeten mit Reihermotiven, goldfarbene Bilderrahmen. Exquisite Getränkeauswahl, auch ein Brunch, ein Tagesmenü und kleine Happen sind im Angebot. Angenehm ruhiges Ambiente. Gelegentlich gibt es Musikdarbietungen, dann kann es ziemlich laut werden.
Ciutat Vella • C. d'en Gignàs 21 • Metro: Jaume I (c 3) • www.milkbar celona.com • tgl. bis nach 24 Uhr

L'Ovella negra
▶ S. 146, B 16

Urgemütliche und rustikal eingerichtete Taverne nahe der Ramblas. Beliebter Treffpunkt von Jugendlichen, Einheimischen und Touristen.
Ciutat Vella • C. Sitges s/n • Metro: Catalunya (c 2) • www.ovellanegra.com • Betrieb ab 23 Uhr

El Raïm
▶ S. 146, C 14

Stadtbekannte kubanische Bar mit einer nostalgischen Ausstattung, die auf das Gründungsjahr 1886 zurückgeht. Ausgeprägter Kolonialstil mit nachgedunkeltem Holz, Marmortischen, antiken Türen. Sehr geschätzt wird der hiesige Mojito. Zahlreiche Rumsorten. Kubanische Musik.
Gràcia • C. Progrés 48/C. Siracusa 4 • Metro: Diagonal (c 2) • www.raimbcn. com • Mo–Do, So 20–2.30, Fr, Sa 20–3 Uhr

Rita Blue
▶ S. 150, A 21

Kommunikatives und freundliches Ambiente mit Designermobiliar und angenehmer Unterhaltungsmusik. Bisweilen auch kleine Abendveranstaltungen mit Pantomimen, Chansons, Tanzmusik live. Auswahl an kleinen Gerichten, leckere Cocktails.
Ciutat Vella • Pl. Sant Agustí 3 • Metro: Liceu (c 3) • www.ritablue.com • So–Mi bis 2, Do–Sa bis 3 Uhr

La Teteria
▶ S. 150, B 22

Angesagte, alternativ angehauchte Altstadtbar, die auf vegetarische Gerichte und ein vielseitiges Angebot an Tees spezialisiert ist. Witzig, gemütlich, betont antiquiert eingerichtet.
Ciutat Vella • Comtessa de Sobradiel 6 • Metro: Liceu (c 3) • Tel. 9 32 68 45 33 • Mo–Fr 19–0.30, Sa, So 13–0.30 Uhr

La Vaquería
▶ S. 144, D 9

Klassische Pianobar und Restaurant für ein eher reiferes Publikum, das gutes Essen, Geselligkeit und Klaviermusik schätzt. Solide, bürgerlich orientierte Küche mit frischen Marktprodukten. Klassische Fischund Fleischgerichte, große Auswahl an Drinks. Viele Gruppen und Paare.
Les Corts • C. Déu i Mata 141 • Metro: Les Corts (b 2) • www.restaurantla vaqueria.com • Mo–Sa 21–3.30 Uhr, So und im Aug. geschl.

Velódromo
▶ S. 146, A 14

Traditionsreiche Café-Bar. Einstmals befand sich hier das Café des 1914 eröffneten Velodroms, der Radrennbahn, wo auch Sechs-Tage-Rennen stattfanden. Aus Sicherheitsgründen musste das Velódromo 2006 schließen, nach aufwendigen Umbauten ist es wieder geöffnet. Stilvolle Einrichtung, die ehemalige Dekoration wurde oftmals restauriert. Eine große Treppe mit schönem Holzgeländer führt in den ersten Stock. Als Spezialität wird Bier der Traditionsmarke »Moritz« ausgeschenkt. Nur wenige Tapas. Gutes Spirituosenangebot.
Eixample • C. Muntaner 213 • Metro: Paral.lel (c 3) • tgl. bis 3 Uhr

CLUBS UND DISKOTHEKEN

Antilla Latin Club ▸ S. 145, F 11

Hier kreuzen regelmäßig die versiertesten Salsa-Tänzer auf und machen die Nacht zum Tage.
Eixample • C. d'Aragó 141 • Metro: Urgell (c 2) • www.antillasalsa.com • tgl. ab 23 Uhr • Eintritt 10 € (Getränk inkl.)

Búcaro ▸ S. 146, A 13

Große, seit mehr als zehn Jahren bestehende Disco, beliebt für ihr schönes Ambiente und den vorbildlichen Service. Viel Stammpublikum, stets gute Kritiken in der Presse. Wird engagiert und ideenreich geführt.
Gràcia • C. d'Aribau 195 • Metro: Fontana (c 2) • Tel. 9 32 09 65 62 • www.bucarobcn.com • Mo–Sa 23–5.30 Uhr

Dostrece ▸ S. 150, A 21

Sehr geschätzt für sein abwechslungsreiches und niveauvolles Musikangebot. Der Dienstag steht ganz im Zeichen des Tango – mit dem Auftritt professioneller Tänzer. Ähnlich widmet sich der Sonntag der brasilianischen Tanzmusik, der Mittwoch dem Jazz und der Donnerstag dem Flamenco. Große Tanzfläche im Parterre, kosmopolitisches Publikum. Das Restaurant in der ersten Etage bietet internationale Spezialitäten.
Ciutat Vella • C. del Carme 40 • Metro: Liceu (c 3) • www.dostrece.net • Di–So 22–3 Uhr, Livemusik meist erst ab 23.30 Uhr

Dot Light Club ▸ Klappe hinten, c 5

Zentral gelegenes avantgardistisches Lokal mit rotem Lichtvorhang und blau ausgestrahltem Dancefloor. Viel Hip-Hop und aktuelle Musik mit parallelen Videoprojektionen. Geräumige Tanzfläche, gelegentlich wird es sehr laut. Akzeptable Preise.
Ciutat Vella • C. Nou de Sant Francesc 7 • Metro: Drassanes (c 3) • tgl. 22–3 Uhr • Eintritt frei

Fonfone ▸ Klappe hinten, c 5

Ein typisches Lokal der neuen jungen Szene der Altstadt nahe der Plaça Reial. In-Treff. Eigenwillig geometrische Wandgestaltung und Stützsäulen. Zwei Räume, einer zum Chillen mit Sofas, Tanzfläche. Wechselnde Musikrichtungen mit bekannten DJs. Günstige Preise.
Ciutat Vella • C. Escudellers 24 • Metro: Drassanes (c 3) • www.fonfone.com • tgl. 22–2.30, am Wochenende bis 3 Uhr • Eintritt frei

Harlem Jazz Club ▸ S. 150, B 22

Beliebter Club für niveauvolle Musik, vor allem Jazz. In diesem Sektor eines der führenden Lokale in Barcelona mit regelmäßigen Livekonzerten. Fast familiäres Ambiente, kultiviertes Angebot an Spirituosen. Eine lohnende Empfehlung für Jazzfreunde.
Ciutat Vella • C. Comtessa de Sobradiel 8 (nahe der Pl. St. Miquel) • Metro: Jaume I (c 3) • www.harlemjazzclub.es • tgl. 20–4 Uhr

Imagine ▸ S. 146, A 14

Gute Tanzmöglichkeiten ohne übertriebenen Rummel. Ansonsten eine minimalistisch eingerichtete Bar, in der man auf Nachtschwärmer im Alter zwischen 30 und 70 trifft. Gehobene kultivierte Atmosphäre. Gute Getränkeauswahl, auch kleine Speisen. Die Lautstärke der Musik hält sich angenehmerweise in Grenzen. Ausgeflippte sowie formelle Business-Kleidung werden locker akzeptiert.
Eixample • C. d'Aribau 153 • Metro: Hospital Clínic (c 2) • Mo–Do 19–2.30, Fr, Sa bis 3 Uhr, So geschl.

Imperator ▸ S. 146, B 14

Große Tanzbar mit Livemusik. Eine renommierte Adresse für lateinamerikanische Tänze. Gediegenes Ambiente für Leute ab 40 aufwärts.
Eixample • C. de Còrsega 327 • Metro: Diagonal (c 2) • tgl. bis 3 Uhr

Jamboree ▸ S. 150, B 22

Weithin gerühmt für seine interessanten Musikevents. Häufig Jazz spanischer oder ausländischer Gruppen. Auch Livemusik anderen Stils. Täglich Session um 21 und 24 Uhr, anschließend Diskothekenbetrieb.
Ciutat Vella • Pl. Reial 17 • Metro: Liceu (c 3) • www.masimas.com

Macarena Club ▸ Klappe hinten, c 6

Beliebtes Szenelokal mit schrillem und schrägem Ambiente, immer wieder werden Neuerungen probiert. Große Tanzfläche. Viele kommen erst in den frühen Morgenstunden.
Ciutat Vella • C. Nou de Sant Francesc 5 • Metro: Drassanes (c 3) • Tel. 9 33 02 45 93 • www.macarenaclub.com • tgl. 0–4.30, Fr, Sa bis 5 Uhr

Maremàgnum ▸ S. 150, B 23

In diesem großen Einkaufs- und Unterhaltungszentrum gibt es rund zehn Discos mit unterschiedlichen musikalischen Stilrichtungen, insbesondere für ein junges Publikum.
Ciutat Vella • Port Vell, Moll d'Espanya s/n • Metro: Drassanes (c 3) • www. maremagnum.es • tgl. bis zum frühen Morgen • Eintritt frei

El Paraigua ▸ S. 67, b 3

Elegante Cocktailbar mit Jugendstildekor bei der Plaça de St. Miquel. Dezente, nie zu laute Musik. Eine Lokalität für den Ausklang des Abends. Tagsüber auch als Café geöffnet.

MERIAN-Tipp

MIRABLAU ▸ S. 142, B 5

Diskothek und Nachtlokal am Fuße der Tibidabo-Zahnradbahn. Angenehmes und ungezwungenes Ambiente. Der Clou hier: der einzigartige Blick (durch riesige Fenster) über die Stadt, vor allem in den Nachtstunden. Disco im Untergeschoss ab 23 bis 5 Uhr.
St. Gervasi • Pl. del Doctor Andreu • Ferrocarriles: Tibidabo (c 1)

Ciutat Vella • C. del Pas de l'Ensenyança 2 • Metro: Liceu (c 3) • Mo–Fr 20.30– 2, Sa bis 3 Uhr, So geschl.

Pastis ▸ S. 150, A 22

Auch nach 40 Jahren immer noch ein Erlebnis: geboten werden französische Chansons, vorzügliche Tapas und ein einzigartiges Flair. Ein Hauch Nostalgie vom Montmartre.
Ciutat Vella • C. de Sta. Mònica 4 • Metro: Drassanes (c 3) • tgl. 19.30– 2.30 Uhr

Rosebud ▸ S. 142, B 5

Tanzbar in modernem Design nahe der Talstation der Zahnradbahn zum Tibidabo. Junge Leute wie auch Menschen ab 40 fühlen sich in dem Klassiker pudelwohl. Schöner Garten.
Horta-Guinardó • C. Adrià Margarit 27 • Ferrocarriles: Av. del Tibidabo (c 1) • 21–5 Uhr, So geschl.

Sala Apolo ▸ S. 149, F 18

Diskothek in einem erhaltenen Tanzsaal von anno dazumal. Urige Einrichtung mit viel Plüsch, Kitsch und Stuck. Stadtbekannte Bühne für Livemusik am Wochenende.

Das Gran Teatre del Liceu (▶ S. 52) an den Ramblas wurde nach einem Großbrand 1994 perfekt restauriert – mit Marmortreppe, Spiegelsaal und wuchtigen Kronleuchtern.

Ciutat Vella • C. Nou de la Rambla 113 • Metro: Paral.lel (c 3) • nur Sa und So ab 22.30 Uhr

Salsitas ▶ Klappe hinten, c 5

Sehr beliebtes Abendlokal mit Restaurant, Tanzsaal und Disco. Spektakuläre, leicht poppige Einrichtung. Trendlokal der jüngeren Generation.
Ciutat Vella • C. Nou de la Rambla 22 • Metro: Liceu (c 3) • Di–So 20–3 Uhr

The Sutton Club ▶ S. 146, A 14

Äußerst beliebte Diskothek mit riesiger Tanzfläche, farbig ausgeleuchtet. Kosmopolitische Szene, Publikum zwischen 20 und 35 Jahren mit prominenten Stammgästen aus Sport und Gesellschaft. Die Musik präsentiert sich ein wenig dezenter als anderswo. Sehr guter Ruf unter den Abendlokalen an der Carrer Tuset.
Eixample • C. Tuset 13 • Metro: Diagonal (c 2) • www.thesuttonclub.com • Do–Sa 0–5 Uhr

THEATER UND MUSIK

L'Auditori ▶ S. 147, E/F 16

Das neben dem Teatre Nacional de Catalunya (▶ S. 53) gelegene Konzertgebäude ist Bestandteil des städtischen Kulturzentrums. Der 1999 errichtete Bau wird auch für Empfänge und Feierlichkeiten genutzt, der größte Saal fasst 2200 Zuschauer. Es herrscht ein betont schlichtes aber würdiges Ambiente, Akustik und Service sind vorzüglich.
Eixample • C. de Lepant 150 • Metro: Glòries (d 2) • Tel. 9 32 47 93 00 • www.auditori.org

Gran Teatre del Liceu

▶ S. 150, A 21

Die berühmteste Theater-, Musik- und Opernbühne der Stadt (▶ S. 71). Auch Auftritte renommierter ausländischer Ensembles, sehr beliebt sind die Ballett-Darbietungen.
Ciutat Vella • Ramblas 51–59 • Metro: Liceu (c 3) • www.liceubarcelona.com

Palau de la Música Catalana

▶ Sehenswertes, S. 73

Teatre Nacional de Catalunya
▶ S. 147, F 16

Barcelonas Theaterleben ist meist vereinsorganisiert, die meisten Säle sind nur mittleren Zuschnitts. Das Fehlen eines repräsentativen Stadtsaals bzw. einer städtischen Festhalle als Gegengewicht zu Opern- und Konzertsaal führte das Rathaus zum Bau der großzügigen Anlage eines Nationaltheaters auf dem ehemaligen, jetzt begrünten Areal der Nordbahn bei Glòries. Neben dem etwas pompösen, von weißen Säulen, Glasfassade und breiten Treppen geprägten Bau umfasst die Anlage auch das kleinere **Auditori** mit reichhaltiger Kunstbibliothek, Studios und Proberäumen. Im Kern widmet sich das Theater der Förderung katalanischer Theaterliteratur, dient aber neben politischen Festakten auch für Großaufführungen moderner Ballettkunst und internationaler Dramatik.
Eixample • Pl. de les Arts 1 • Metro: Glòries (d 2) • www.tnc.es

Teatre Tívoli
▶ S. 146, B 16

Geräumiger großer Theaterbau, dessen Ursprung auf die Vergnügungsstätten zurückgeht, die um 1830 zu beiden Seiten des Passeig de Gràcia entstanden und in Anklang an Paris den Namen Camps Eliseos erhielten; dazu zählten Lustgärten, Terrassencafés und Vergnügungspavillons. Das Tívoli hat nie allein dem Theater gedient; sein Programm umfasste von Beginn an stets auch Ballett und ernstes musikalisches Lustspiel. Heute dient es vielfach für internationale Musicals, moderne Flamenco-Kunst und Ballettaufführungen.
Eixample • C. Casp 8–12 • Metro: Catalunya (c 2)

XAMPANYERÍAS (CAVA-BARS)

El Xampanyet
▶ Klappe hinten, e 5

Rustikale Cava-Bar nahe dem Picasso-Museum. Diverse Tapas und ein großes Angebot an Cava-Marken und katalanischen Weinen.
Ciutat Vella • C. de Montcada 22 • Metro: Jaume I (c 3)

MERIAN-Tipp 9

XAMPANYERÍA REINA CRISTINA
▶ S. 150, C 22

Der Clou dieser Xampanyería sind die preiswerte Cava-Hausmarke sowie die leckeren Brötchen und Tapas. Nicht zuletzt der günstigen Preise wegen ist das Lokal fast immer voll, vornehmlich am Nachmittag und am frühen Abend. Es gilt als beliebte Kontaktbörse für junge Leute. Das Reglement sieht vor, dass zum Getränk (mindestens vier Cava-Varianten sind möglich) auch wenigstens eine Tapa bestellt wird. Das Lokal ist in einer Lagerhalle der Gebäude Set Portes von 1837 untergebracht.
Ciutat Vella • C. Reina Cristina 7 • Metro: Barceloneta (c/d 3)

Feste und Events
Schwungvoll geht es keineswegs nur bei den Feierlichkeiten zu Ehren der Stadtpatronin Madonna de la Mercè zu. Mehr als 140 weitere Eintragungen verzeichnet der Festkalender Barcelonas.

◄ Zu den Festes de la Mercè gehört auch der Wettstreit der »castellers« um die höchste Menschenpyramide.

JANUAR

Cabalgada de Reyes

Ankunft der Heiligen Drei Könige im Hafen. Weihnachtsansprache und großer Umzug durch die Straßen mit Papierdrachen, Konfetti, Bonbons und Musik. Das etwa dreistündige Spektakel beginnt beim Zollgebäude am Hafen.

5. Januar • ab ca. 17 Uhr

Els Tres Tombs

Traditioneller Umzug, früher dreimal um die Kirche Sant Antoni Abad, heute quer durch das ganze Stadtviertel. Segnung der Arbeits- und Haustiere. Mitgeführt werden Pferde, aber auch Hunde, Katzen, Kanarienvögel. Volkstümliches Flair. Der Umzug beginnt in der Regel am Mercat de Sant Antoni.

17. Januar

APRIL

Sant Jordi und Dia del Llíbre

Fest des hl. Georg, des Schutzpatrons Kataloniens. Nach mittelalterlichem Brauch schenken die Herren der Dame ihres Herzens an diesem Tag eine Rose. Zeitgleich findet der Tag des Buches statt, an dem die Damen den Herren im Gegenzug ein Buch schenken. Auf den Ramblas findet ein großer Buchbazar statt.

23. April

MAI

Fira de Sant Ponç

Auf dieser originellen Kleinmesse finden Interessierte eine große Auswahl an Kräutern und Naturheilmitteln.

11. Mai • C. de Hospital (in der Altstadt)

MERIAN-Tipp   10

FESTES DE LA MERCÈ

Am Vorabend des Ehrentags der Patronin des Mercedarierordens beginnt das Fest mit einem zünftigen »correfoc«. Durch die Straßen windet sich ein Feuerwurm aus gespenstischen Pappmascheedrachen und Lindwürmern, die Feuer schnauben und Funken speien. Jugendliche wagen sich besonders nah an das Feuer heran – ohne angesengte Haare und geschwärztes Gesicht geht es da oft nicht ab. Dann der eigentliche Feiertag. Vor der Kathedrale wird Sardana getanzt, begleitet von der näselnden Musik der »Copla«. An der Plaça de la Mercè proben »castellers«. Türme aus Menschen werden behutsam aufgebaut, vier, ja fünf Etagen hoch. Ein Kind steigt bis ganz nach oben und zeigt sich stolz der Menge. Andernorts formieren sich die »gegants«: bis zu 8 m hohe Gestalten, die ein in den Figuren verborgener Mann an Stäben hält und durch die Straßen trägt. Sie stellen Ritter, Fürsten und Königspaare dar. Überall weht die gelb-rot gestreifte »senyera«, die katalanische Flagge. Hunderttausende sind an diesem Tag auf den Beinen und flanieren durch die Stadt.

17.–24. September •
www.bcn.cat/merce

JUNI

Grec

Sommerfestival mit internationalen Tanz-, Theater- und Musikgruppen.

Ende Juni bis August • www.grec.bcn.es bzw. www.barcelonafestival.com

Sant Joan

Auch in Barcelona wird die Sonnenwende ausgelassen und nach alten Traditionen gefeiert. Höhepunkt ist zumeist der Vorabend, »La Vetlla de Sant Joan« genannt. Böller, Leuchtraketen und Feuerwerkskörper erfüllen den Nachthimmel. Auf öffentlichen Plätzen werden Feuer entzündet. In den Vergnügungszentren tobt die Musik, überall gibt es Vorführungen. Am ausgelassensten präsentiert sich die jugendliche Szene auf der Plaça de Catalunya und den Ramblas.

Nach katalanischer Tradition isst man zum Fest der Sonnenwende Coca. Dieses einfache Gebäck, ein Hefeteigfladen mit kandierten Früchten, wird am Vorabend des Festes in den Bäckereien angeboten, und es bilden sich am Abend lange Schlangen davor. Ursprünglich stammt die Coca aus den katalanischen Pyrenäen. Dort war es in der Vergangenheit üblich, dass die Kinder vor dem Fest von Haus zu Haus gingen, um Zutaten für die Coca zu erbitten. Zusammen mit diesen Zutaten wurde dann die Coca des Dorfes im örtlichen Brotbackofen ausgebacken.

23./24. Juni

AUGUST

Festes de Gràcia

Zehntägiges Straßen- und Volksfest im Stadtteil Gràcia zu Ehren der Schutzheiligen Santa María. Musik, Tanz und Theater, Essen und Trinken, volkstümliches Ambiente.

Um den 15. August

SEPTEMBER

La Diada, Día Nacional de Catalunya

Katalanischer Nationalfeiertag im Gedenken an die Niederlage Barcelonas gegen die Bourbonen unter Felipe V. von Spanien 1714. Kundgebungen erinnern an den Widerstand gegen die Unterordnung unter die spanische Krone. Zugleich Bekräftigung der katalanischen Autonomie.

11. September

Festes de la Mercè

▶ MERIAN-Tipp, S. 55

DEZEMBER

Weihnachtsmarkt

Mit einem stimmungsvollen Lichterumzug im Kreuzgang der Kathedrale wird am Tag der hl. Lucia der traditionelle Weihnachtsmarkt eröffnet. Angeboten werden Krippenzubehör, Weihnachtsdekor aller Art sowie Christbäume. Mehrere Kirchengemeinden stellen künstlerisch wertvolle Krippen aus, die meist sehr originell und sehenswert sind.

14. Dezember bis 6. Januar

Winterschwimmen im Hafenbecken

Bald nach Weihnachten kommt es in Erinnerung an ein ehemaliges Tauffest am Stefanstag zu einem spektakulären Ereignis. Hunderte meist junge Menschen stürzen sich trotz der winterlichen Kälte in das Wasser des Hafenbeckens und schwimmen unter den Augen der zahlreichen Passanten bis zum jenseitigen Ufer.

26. Dezember

WUSSTEN SIE, DASS …

… sich Barcelona 1897 den heutigen Stadtbezirk Gràcia gegen den Willen der Bevölkerung einverleibte? Noch heute unterstreichen die dortigen Bewohner ihre Eigenheiten gern mit spektakulären Festen.

Wenn uns eine
Aussicht in Atem hält …
… dann muss es live! sein
NEU
MERIAN live!
Toskana
MIT KAPITEL NEU grüner reisen
Uffizien › Pinakothek von Weltrang
Chianti › Malerische Weinorte
Palio in Siena › Berühmtes Pferderennen
& Kartenatlas im Buch
Extra-Karte zum Herausnehmen
MERIAN
Die Lust am Reisen

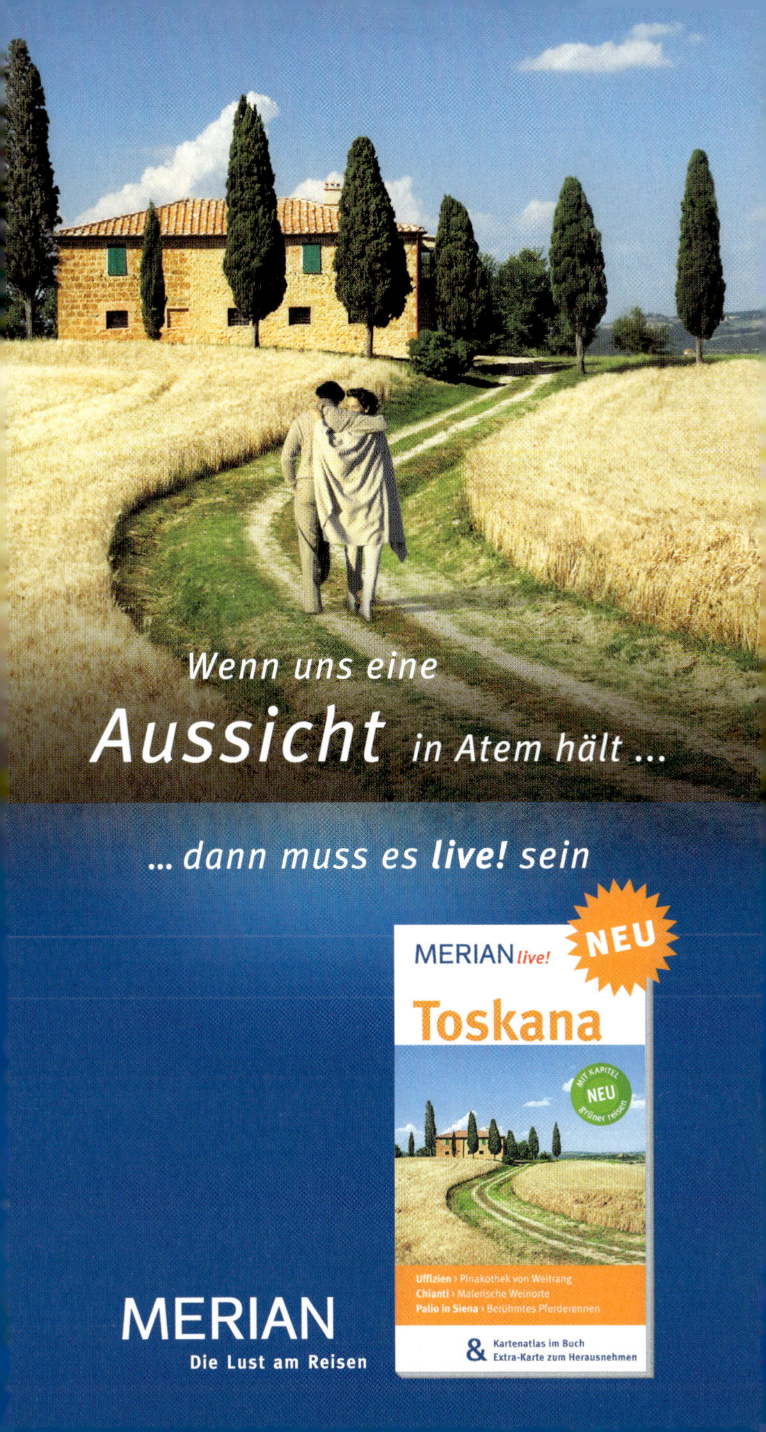

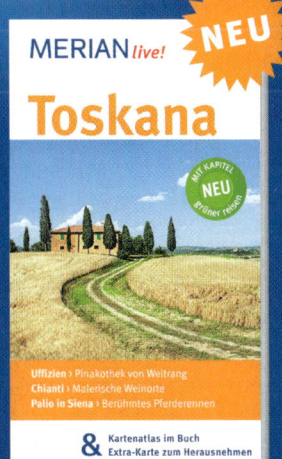

Sardana, Gegants, Castellers

Eigenwillige Reigentänze, Riesen aus Pappmaschee und
Menschentürme bereichern die Volksfeste.

Wer sich feiertags oder sonntags nach der Hauptmesse um 12 Uhr am Platz vor der Kathedrale aufhält, trifft dort oftmals Menschen, die nach eingängigen Melodien eine Art Reigen tanzen. Auch bei den Festes de la Mercè (▶ MERIAN-Tipp, S. 55), am Nationalfeiertag La Diada im September, bei Stadtteilfesten wie den Festes de Gràcia im August, den Festes de Sant Andreu im Oktober, den Festes de Sants im Juli oder an kirchlichen Feiertagen wird der Besucher auf diesen merkwürdigen Reigentanz stoßen, der ihn an süditalienische Volkstänze oder an den griechischen Sirtaki erinnern mag. Sardana heißt dieser mit Abstand bekannteste und beliebteste katalanische Volkstanz, der angeblich schon seit Jahrhunderten an Festtagen, etwa bei Patronatsfesten, zumeist vor der Kirche oder auf städtischen wie dörflichen Plätzen aufgeführt wird. Bis in die große Zeit Kataloniens im 13. und 14. Jh. reicht die Geschichte der Sardana zurück, obwohl sie eigentlich griechischen Ursprungs sein soll. Die romantische Nationalbewegung des 19. Jh. hat sie wieder aufleben lassen. Damals wie heute steht der Tanz für den katalanischen Nationalstolz und Freiheitswillen. Seine öffentliche Aufführung war in der Epoche der Franco-Diktatur verboten und lebte damals nur, verstärkt von zahllosen Grenzgängern, im südfranzösischen Roussillon fort.

◀ Ein Highlight des Patronatsfests La Mercè bildet der »Ball de Gegants« mit grinsenden Pappmascheeköpfen.

Die Sardana-Tänzer, Männer und Frauen, Junge und Alte gemischt, formieren sich im Kreis und fassen sich seitlich an den Händen. Paare ordnen sich in der Regel so ein, dass der Mann links, die Frau rechts steht. Getanzt wird in einer markanten Schritt- und Taktfolge aus langen (»pasos llargs«) und kurzen Schritten (»pasos curts«). Zu den kurzen Schritten werden die Hände gesenkt, zu den langen Schritten erhoben. Die Schrittfolge ist kompliziert in Bögen von 24, 36 oder 48 Takten eingerichtet, je nach der Musik, die eine Kapelle aus elf Musikern spielt. Sie heißt »copla« und besteht gewöhnlich aus drei Oboen, zwei Trompeten, drei Klarinetten, Piccolofläte, Kontrabass und kleiner Trommel. Zahlreiche katalanische Komponisten haben Sardanes komponiert oder arrangiert. Einer der bedeutendsten war Mitte des 19. Jh. Pep Ventura, nach dem heute in Barcelona eine Metrostation benannt ist.

Pyramiden aus Menschen

Zum Repertoire der Patronats- und Stadtteilfeste in Barcelona wie in anderen katalanischen Ortschaften zählen auch Umzüge mit den »gegants«, wie man auf Katalanisch sagt. Das sind aus Pappmaschee konstruierte Figuren, die gerne dreimal so groß wie ein Mensch sein können. Eine Variante davon sind die aus dem gleichen Material kunstvoll gearbeiteten Riesenköpfe. Auch sie sind mittelalterlichen Ursprungs und stellen standardisierte Typen dar: Graf und Königin, Ritter, Hoferbin (»pubilla«), Fischer und Bauer. Besonders spektakulär gestaltet sich bei derartigen Festen der kunstvolle Aufbau einer Menschenpyramide. Die Vereinsmitglieder, die für diese volkstümliche akrobatische Figur lange trainieren müssen, heißen »castellers«, die Menschenpyramiden oder -türme werden als »castells« bezeichnet. Auch dieser Brauch wurzelt offenbar im Mittelalter und soll mythologisch mit dem Aufstand der Titanen in Verbindung stehen. Später wetteiferten dann katalanische Zünfte, Handwerker- und Arbeitergruppen um die höchste und gleichzeitig schmalste Menschenpyramide. Auch diese Form katalanischer Folklore wurde während der Franco-Diktatur weitgehend unterdrückt.

Akrobatik und Disziplin

Im Extremfall wird ein solches Castell aus acht Menschenetagen gebildet. Für den Aufbau der einzelnen Etagen gelten strenge, allgemein verbindliche Regeln. Die Männer drängen sich ganz unten zusammen und bilden eine Art Knäuel oder Pinienzapfen, »pinya« genannt, der die Pyramide trägt. Auf ihren Armen und Schultern bauen sich weitere Männer und Frauen auf, die sich gegenseitig stützen. Etage um Etage wird so vorsichtig aufgetürmt, bis zuletzt ein Junge oder Mädchen an der Pyramide über Knie, Arme und Schultern bis hinauf zur Spitze klettert, um sich dort einen festen Stand zu suchen und mit der freien Hand zu winken.

Derartige akrobatische Einlagen erfordern von allen Mitwirkenden sehr viel Sportsgeist und Disziplin. Aber die Anstrengungen werden von einem zumeist geduldigen und fachkundigen Publikum mit frenetischem Applaus honoriert. Gelingt die Unternehmung, gibt es noch einen Grund mehr, das eine oder andere Gläschen Cava zu heben und Lebensfreude wie katalanisches Selbstbewusstsein zu genießen.

Familientipps
Zahlreiche Museen, das Aquarium, der Zoo und natürlich die Vergnügungsparks wenden sich an die Wissbegierde und Abenteuerlust der Kleinen – da kommt so schnell keine Langeweile auf.

◄ Auge in Auge mit Haien und anderen Meeresbewohnern: Der große Tunnel ist das Highlight des Aquariums (▸ S. 65).

Café El Bosc de les fades

▸ S. 150, A 22

Dieses ungewöhnliche Café befindet sich in einem zentral an den Ramblas gelegenen Hinterhof wenige Schritte vom Wachsfigurenmuseum entfernt. Schummeriges Licht und Dekorationen wie in einer Höhle. Von Märchen inspirierte Atmosphäre, dazu zählt auch ein künstlicher See.
Ciutat Vella • Pge. de la Banca 5 • Metro: Drassanes (c 3) • Tel. 9 33 02 51 67 • www.museocerabcn.com • Mo–Do 10–1, Sa, So 10–2 Uhr

Catalunya en miniatura

▸ S. 115, b 3

Dieser etwa 60 000 qm große Unterhaltungspark befindet sich knapp 20 km außerhalb des Zentrums. Derzeit sind dort als Miniaturen rund 170 bedeutende Bauwerke und Monumente aus Katalonien zu sehen, darunter auch die schönsten Baukonstruktionen von Antoni Gaudí.
Torrelles de Llobregat • keine öffentl. Verkehrsmittel • www.catalunyaenmini atura.com • März–Juni, Sept. tgl. 10–19, Juni, Juli tgl. 10–20, Okt.–Feb. Di–So 10–18 Uhr • Eintritt 11 €, Kinder 8 €

Golondrinas

▸ S. 150, A 22

Nahe des Kolumbus-Denkmals legen die »golondrinas« an, Boote, mit denen Besucher eine Rundfahrt durch den Hafen unternehmen können.
Ciutat Vella • Abfahrt am Kai Moll de les Drassanes/Portal de la Pau • Metro: Drassanes (c 3) • Tel. 9 34 42 31 06 • www.lasgolondrinas.com • tgl. 11.30–19.30 Uhr • Ticket je nach Fahrziel 6,50–13,50 €, Kinder 2,60–5 €

L'Aquarium **2**

▸ Sehenswertes, S. 65

Parc d'Atraccions del Tibidabo

▸ S. 142, B 7

Großer, Anfang des 20. Jh. geschaffener Vergnügungspark auf einem über 500 m hohen Hügel am westlichen Stadtrand. Kirmesähnlicher Rummelplatz mit Karussells und Riesenrad, Achterbahn, Horrorschloss, Automatenmuseum, Souvenirladen und mehreren Kiosken und Lokalen. Der Tibidabo kann auch mit einer Zahnradbahn erreicht werden. An Wochenenden starker Besucherandrang.
Horta-Guinardó • Av. del Tibidabo 3 • Ferrocarril: Av. del Tibidabo (c 1) • www.tibidabo.es • März–Juni, Mitte Sept.–Okt. Sa, So 12–21, Juli–Mitte Sept. Mi–So 12–22, Nov., Dez. Sa, So 12–18 Uhr • Eintritt 25 €, Kinder 9 €

Parc Zoològic

▸ S. 151, D 22

Der Zoo im Parc de la Ciutadella zeigt eine Vielzahl von Tieren, darunter Giraffen, Elefanten, Kängurus, Emus, Bisons, Wasserschweine und Löwen. Täglich findet eine Delfinshow statt. Viel bestaunt und von den Barcelonesen ins Herz geschlossener Star war lange Copito de Nieve (»Schneeflocke«), ein großer weißer Albino-Gorilla, der 2003 verschied. Heute sind seine – allerdings nicht weißen – 29 Nachkommen zu bewundern.
Ciutat Vella • Parc de la Ciutadella • Metro: Ciutadella-Vila Olímpica (d 3) • www.zoobarcelona.com • März–Mai, Okt. tgl. 10–18, Juni–Sept. tgl. 10–19, Nov.–Feb. tgl. 10–17 Uhr • Eintritt 16 €, Kinder 9,60 €

👫 Weitere Familientipps sind durch dieses Symbol gekennzeichnet.

Eine 1994 errichtete, geschwungene hölzerne Fußgängerbrücke, Rambla de Mar genannt, führt von der Kolumbus-Säule hinüber zur Moll d'Espanya (▶ S. 75).

Unterwegs
in Barcelona

Immer wieder trifft man auf originelle Beispiele einer eigenständigen Architektur. Dazwischen ist eine Vielzahl von Kunstwerken und Skulpturen eingestreut.

Sehenswertes
Zwischen den engen Gassen des Barri Gòtic, dem Treiben der Ramblas und den Meisterwerken des Modernisme gibt es in Kataloniens Hauptstadt viel Spannendes zu erleben. Nehmen Sie sich Zeit dafür …

◄ Schornsteine, erstarrt zu skurrilen Figuren: Die gewellte Dachterrasse der Casa Milà (▸ S. 68) ist für Besucher geöffnet.

Wer wenig Zeit mitbringt, hat es in der katalanischen Metropole nicht leicht. Das Angebot an Sehenswürdigkeiten ist riesig. Auch wer über die Gunst verfügt, hier eine ganze Woche verbringen zu können, wird gut auswählen müssen, welche Attraktionen er besichtigen und welche er für einen späteren Besuch aufsparen will. Es ist daher sinnvoll, jeden Besichtigungstag gut zu planen und sich stets auf jene Sehenswürdigkeiten zu konzentrieren, die nahe beieinander liegen und verkehrstechnisch leicht zu erreichen sind.
Grundsätzlich kommt man in der Stadt am besten mit der Metro voran. Sie funktioniert zügig und bringt den Besucher problemlos zu seinen Zielen oder zumindest in die Nähe. Während des Berufsverkehrs am Morgen und am Nachmittag ist allerdings auch die Metro stark frequentiert. Sie kommt aber immer noch schneller voran als Busse oder Taxen.
Wer die Stadt gründlich erleben will, wird viel zu Fuß gehen und zuweilen – gerade in den Sommermonaten – spüren, dass dies eine gute Kondition voraussetzt. Guter Rat: Planen Sie auch Erholungspausen ein und nehmen Sie sich kein übermäßig anstrengendes Tagesprogramm vor.

SEHENSWERTES

L'Aquarium 2 ▸ S. 150, B 23

Diese viel besuchte Schau von rund 10 000 Lebewesen aus allen Weltmeeren gilt als eine der attraktivsten im gesamten Mittelmeerraum. Gezeigt werden Fische und andere Meeresbewohner im Kontext ihrer unterschiedlichen Biotope, beispielsweise im Roten Meer, in der Karibik, in Hawaii, in Australien, in einem tropischen Korallenriff oder im Ebrodelta. Bedeutendste Attraktion ist ein großes Becken mit mehreren imposanten Haifischen, das die Besucher durch einen 80 m langen Tunnel aus durchsichtigem Acryl unterqueren können. Informationen gibt es leider nur in Katalanisch, Spanisch und Englisch. Angeschlossen sind eine Cafeteria sowie ein Fachgeschäft für Souvenirs und Spezialliteratur über Fische und andere Meeresbewohner.
Ciutat Vella • Moll d'Espanya • Metro: Drassanes (c 3) • www.aquariumbcn. com • Mo–Fr 9.30–21, Sa, So, Fei 9.30–21.30 Uhr • Eintritt 17,50 €, Kinder 12,50 €

Associació Call de Barcelona (jüdische Synagoge) ▸ S. 67, a/b 2

Eine eigens gegründete Gesellschaft widmet sich der Geschichte der jüdischen Gemeinde und des jüdischen Viertels (Call) in der Altstadt von Barcelona. Die Reste einer mittelalterlichen Synagoge wurden restauriert und können heute besichtigt werden. Wer sich für die Historie des jüdischen Lebens in der katalanischen Metropole interessiert, bekommt hier sehr gute Einblicke.
Ciutat Vella • C. Marlet 5 • Metro: Liceu (c 3) • www.calldebarcelona. org • Mo–Fr 10.30–14.30, 16–19, Sa, So 10.30–15 Uhr • Eintritt 2 €

Barceloneta ▸ S. 151, C/D 23

Im Gegensatz zu den von bürgerlichem Wohlstand geprägten Stadtteilen wie etwa Gràcia und l'Eixample ist das nahe dem Meer gelegene Viertel Barceloneta vor allem von einfachen Arbeitern und Handwer-

Zahlreiche gotische Details wie Wasser-
speier zieren die Casa Amatller (▶ S. 67).

kern bewohnt. Hier zeigt sich Barcelona von seiner volkstümlichen Seite.
Die Wohnverhältnisse sind schlicht,
der Zusammenhalt der Nachbarn
umso enger und herzlicher. Es gibt
zahlreiche kleine Kramerläden, Bars,
Gaststätten und Tavernen mit einem
deutlich geringeren Preisniveau als
in den feinen Bürgervierteln.
Rundweg erlebenswert ist werktags
das Treiben in der Markthalle (Mercat Barceloneta) im Zentrum des
Viertels. Am Platz vor dem Markt befindet sich die sehenswerte, altmo-
disch eingerichtete Bar **Electricitat**
(Carrer de L'Atlantida 61), ein beliebter Treffpunkt für Anwohner mit
geringem Einkommen. Typisch für
Barceloneta ist das bunte, gesellige
mediterrane Straßenleben und die
Praxis fast aller Bewohner, ihre Wäsche zum Trocknen auf dem Balkon
oder Fensterbrett aufzuhängen. Jeder
Straßenzug ist davon geprägt.
Ursprünglich war diese Gegend nahe
des Hafens eine Sandlagune bzw. spä-

ter ein Stapelplatz für Waren, die im
Port Vell verschifft wurden. Mitte des
18. Jh. konzipierte der Militärarchi-
tekt Joan Martín Cermeño hier ein
Stadtviertel, dessen Bauten und Straßen vollkommen regelmäßig nach
rationalistischer Manier angelegt
waren. Bürger, die ihren Wohnsitz
durch den Abriss ihrer Häuser verlo-
ren hatten, sowie Fischer wurden
hier angesiedelt.
Ciutat Vella • Metro: Barceloneta (d 3)

Barri Gòtic 3
▶ S. 67, S. 150, B 21/22
Das Gotische Viertel mit seinen zahlreichen Monumentalbauten aus dem
13. bis 15. Jh. konzentriert sich vornehmlich auf das Areal innerhalb der
mittelalterlichen Stadtmauer. Überdauert haben hier nicht nur gotische
Gebäude, sondern auch Bauwerke
aus anderen Stilepochen. Typisch für
diese Altstadtzone sind neben den
historischen Gebäuden die engen,
verwinkelten Gassen, die kleinen romantischen Plätze und zahlreichen
Einzelhandelsläden aus der Vorcom-
puterzeit (▶ S. 92).
Im Zentrum des Barri Gòtic liegt die
Plaça Sant Jaume, flankiert vom **Palau de la Generalitat**, dem Sitz der
Regionalregierung, und dem Gebäude des **Ajuntament** mit seiner neo-
klassizistischen Fassade, das als Rathaus dient. Zu den herausragenden
historischen Gebäuden im Barri
Gòtic zählen neben der **Kathedrale**
der **Palau Reial Major**, der **Palau del
Lloctinent**, die **Casa dels Canonges**
und die **Església del Pi**. Sehenswert
sind hier auch das **Museu Frederic
Marès** mit Werken des bekannten
Bildhauers sowie das **Museu d'Història de la Ciutat** (▶ S. 86).
Ciutat Vella • Metro: Jaume I (c 3)

Casa Amatller   ▶ S. 146, B 15

Der 1901 errichtete Bau geht auf Konzepte des Jugendstil-Architekten Puig i Cadafalch zurück. Er historisierte oft mit Rückgriffen auf die Romanik, hier jedoch sind bei der Fassade vor allem Renaissance-Elemente zu erkennen. Das Innere wirkt recht überladen und trägt deutliche Züge des katalanischen Modernisme.

Das heutige Privatgebäude kann nicht besichtigt werden. Möglich ist aber der Zugang durch die großartige Eingangshalle zu einem Andenkenladen im rückwärtigen Erdgeschoss. Verkauft werden hier Postkarten von Barcelona sowie Tafelschokolade im Modernisme-Outfit. So wird die Erinnerung wachgehalten, dass Puig i Cadafalch das Gebäude seinerzeit für den reichen Schokoladenfabrikanten Antoni Ametller entwarf.

Gràcia • Pg. de Gràcia 41 • Metro: Pg. de Gràcia (c 2/3)

Casa Batlló   ▶ S. 146, B 15

Die Casa Batlló zählt zu den Meisterwerken von Antoni Gaudí. Der geniale katalanische Architekt befasste sich im Auftrag des Textilfabrikanten Josep Batlló i Casanovas zwischen 1905 und 1907 mit dem Umbau des Gebäudes. Das fantastische Resultat: ein Dach, das Assoziationen an den grünbunten Schuppenpanzer eines Drachen wachruft, seltsame, venezianischen Karnevalsmasken gleichende Balkone, schwellende Formen und eine geschuppte Fassade. Auch im Innern zeigt das Gebäude

Barri Gòtic ❸

Plaça Nova   Av. de la Catedral

Plaça Antoni Maura

1   Carrer del Pi   la Palla   Palau Episcopal   Casa de l'Ardiaca   Casa de la Pia Almoina   1

Pl. del Pi   Sant Felip Neri   Pl. Sant Felip Neri   Plaça de la Seu

Museu del Calçat   Pl. Sant Josep Oriol   Sant Sever   C. Sant Sever   Bda. Sta. Eulàlia   Museu de la Cat.   Museu Frederic Marès   Palau Mercaders   Via Laietana

Santa Maria del Pí   Plaça Manuel Ribé   Carrer Banys Nous   Catedral de Sta. Eulàlia

Plta. del Pi   Carrer de la Boqueria   Sant Domènec del Call   Carrer del Call   Palau de la Generalitat   Casa dels Canonges   Paradis   Palau del Lloctinent   Plaça del Rei   Plaça Ramon Berenguer el Gran   Palau Reial Major   Sta. Àgata   Carrer dels Comtes   Pietat

2   Raurич   Carrer de la   Carrer   Sant Honorat   Carrer   Plaça de Sant Jaume   Carrer   Llibreteria   Jaume I Ⓜ   Museu d'Història de la Ciutat   Plaça de l'Àngel   2

Carrer de Ferràn   Carrer de Jaume I

Carrer de   Sant Jaume   Carrer Leona   d'Avinyó   Bda. St. Miquel   Ajuntament   Plaça de Sant Miquel   C. d'Hèrcules   C. de la Ciutat   Plaça Sant Just   Sant Just i Pastor   Carrer de Daguería   Jaume I Ⓜ   Via Laietana   Carrer d'Argentería

3   Palau Centelles   C. Cervantes   C. Templaris   C. del Palau   C. d'Atautí   C. Bellafila   Carrer de Lledó   C. Cometa   Carrer de Sots-tinent Navarro   Via Laietana   C. Manresa   3

0   150 m

© MERIAN-Kartographie

b

b   c

WUSSTEN SIE, DASS …

… Gaudí in einigen von ihm entworfenen Gebäuden ausgeklügelte Be- und Entlüftungssysteme integrierte, um einen natürlichen Lüftungsausgleich zu erreichen?

die markante Handschrift des großen Meisters: keine gerade Linie, Treppen, Säulen, Fenster und Deckengewölbe, alles fließt, krümmt und schlängelt sich und wirkt wie ein gewachsenes Formenensemble aus der Natur. Das auch innen komplett restaurierte Gebäude ist mit kostbarem Jugendstilinterieur eingerichtet. Eixample • Pg. de Gràcia 43 • Metro: Pg. de Gràcia (c 2) • www.casabatllo.es • tgl. 9–20 Uhr • Eintritt inkl. Audioguide 18 €

Casa Comalat   ▸ S. 146, B 14

Monumentales Prachtgebäude des Modernisme. Es wurde zwischen 1909 und 1911 vom Gaudí-Schüler Salvador Valeri i Pupurull (1873–1954) konzipiert und zeigt eine stark von Knochenarchitektur und wülstigen Fantasieformen geprägte Fassade. Ausgesprochen kostbar und virtuos sind das schöne Holzportal und der Hausflur, überschwänglich dekoriert mit Ornamenten aus Edelhölzern und mit Stuck. Die Glaspartien im Holzportal und an den Balkonen der Rückseite (Còrsega 316) zeigen die ganze Spannbreite seiner Kunst. Eixample • Av. Diagonal 442 • Metro: Diagonal (c 2) • keine Besichtigung

Casa Milà (La Pedrera) 🔺
▸ S. 146, B 14

Auch das zwischen 1906 und 1910 von Antoni Gaudí für seinen Freund Pere Milà geschaffene Wohnhaus am noblen Passeig de Gràcia spiegelt die

Genialität des großen katalanischen Architekten wider. Dieses Wohnhaus (der letzte Profanbau Gaudís) gleicht mehr einer gigantischen Skulptur als einem Nutzgebäude. Für die Beschäftigung mit diesem Kunstwerk sollte man sich reichlich Zeit nehmen. Die originelle wellenförmige Steinfassade erinnerte die seinerzeit reichlich verblüfften Barcelonesen an einen stilisierten Steinbruch, daher nannten sie das Haus »La Pedrera«. In der Gesamtkonstruktion erkennt man die für Gaudí typischen fließenden, aus der Natur entlehnten Formen, akzentuiert mit schmiedeeisernen Balkongittern und skurrilen Schornsteinen. Der Bau (heute Sitz der Kulturstiftung einer Bank) wirkt wie aus einer Knetmasse gebildet.

Im Dachgeschoss informiert der »Espai Gaudí« ausführlich und multimedial über das Lebenswerk des Meisters. Dort hat man Zugang zu den originellen Dachterrassen. Auch eine im originalen Stil eingerichtete Wohnung kann besichtigt werden. Eixample • Pg. de Gràcia 92/Provença 261–265 • Metro: Diagonal (c 2) • www.lapedreraeducacio.org • März–Okt. tgl. 9–20, Nov.–Feb. 9–18.30 Uhr • Eintritt 11 €

Casa de les Punxes   ▸ S. 146, C 14

Großes komplexes Eckgebäude, errichtet vom berühmten Modernisme-Architekten Josep Puig i Cadafalch in der Zeit zwischen 1903 und 1905. Der denkmalgeschützte Bau, auch Casa Terrades genannt, zeigt originelle Bauelemente einer mittelalterlichen Burganlage aus Zentraleuropa. Sehr schöne schmiedeeiserne Elemente, Erker und Zierkacheln. Das monumentale Gebäude repräsentiert einen eigenen, höchst indivi-

Die 1905 bis 1907 von Gaudí konzipierte Casa Batlló (▶ S. 67) wird wegen der Formensprache ihrer Balkone und Säulen auch »Haus der Knochen« genannt.

duellen Stil innerhalb des katalanischen Modernisme.

Eixample • Av. Diagonal 416/420 • Metro: Verdaguer (d 2) • keine Besichtigung

Casa Vicenç ▶ S. 142, B 8

Dieses originelle Wohnhaus konzipierte Antoni Gaudí zwischen 1883 und 1889 für den begüterten Fliesenfabrikanten Manuel Vicenç. Es ist das erste Bauwerk, das der Meister in Barcelona kreierte. Das rundweg sehenswerte Wohnhaus unterscheidet sich deutlich von den Bauten aus späteren Schaffensphasen. Vor allem im unteren Bereich entspricht die Konstruktion noch stark herkömmlichen Vorbildern, eckige und gerade Strukturen überwiegen. Nach oben hin dominieren dann mehr und mehr runde, schwelgende, teils der maurischen Architektur entlehnte Formen. Als Baumaterialien wurden vor allem Natursteine, Kacheln und Ziegel verwendet. Beeindruckend sind auch die schmiedeeisernen Dekorationen und die kleinen Dachtürmchen.

Gràcia • C. Carolines 22–24 • Metro: Lesseps (c 2) • keine Besichtigung

Castell de Montjuïc ▸ S. 149, D 19

Der Besuch dieser hoch über der Innenstadt gelegenen Festung lohnt schon allein wegen der grandiosen Aussicht, die man von hier aus genießen kann. Zur Landseite hin blickt man über das Zentrum der Millionenstadt, aus der sich die Sagrada Família heraushebt. Zur Seeseite hin kann man alle Einzelheiten des großen Containerhafens erkennen. Mit Sicherheit war dieser etwa 170 m

Die raffinierten Springbrunnen der Font Màgica (▸ S. 71) auf dem Montjuïc.

über Meeresniveau gelegene Felssockel schon in iberischer Zeit besiedelt. Die Römer unterhielten hier einen Wachturm. Das eigentliche Kastell mit seinen Verteidigungsanlagen entstand Mitte des 17. Jh. in der Regierungszeit Felipes IV. und wurde später mehrmals erweitert. Während der Franco-Diktatur war hier ein berüchtigtes Militärgefängnis untergebracht, in dem katalanische Widerstandskämpfer einsaßen.

Sehenswert sind auch die Ende des 19. bzw. zu Beginn des 20. Jh. angelegten Gartenanlagen mit ihren wunderschönen Mandarinenbäumen.

Im Innern der Festungsanlage ist heute das **Museu Militar de Montjuïc** (Di–So 10–19 Uhr; Eintritt 3 €) untergebracht. Es zeigt eine umfassende Sammlung von Waffen, Standarten, Uniformen und Kriegsgerät aller Art. Cafeteria im Innenhof.

Sants-Montjuïc • Metro bis Paral.lel, dann über Carrer Nou de la Rambla bis zum Funicular (Zahnradbahn), Okt.–April Mo–Fr 7.30–20, Sa, So 9–20, Mai–Sept. bis 22 Uhr (mit Metroticket ohne Aufpreis), die Bahn endet bei den Jardins Verdaguer, von hier erreicht man das Castel zu Fuß in ca. 15 Min. oder per Telefèric (Kabinenseilbahn) • www.castillomontjuic.com • Mo–Sa 11–20.30, So 11–14.30 Uhr • Eintritt 6 €, Kinder 4,30 €

Catedral de la Santa Creu/ Santa Eulàlia ▸ S. 150, B 21

Die Kathedrale erhebt sich an ebenjener Stelle, an der sich bereits im 5. Jh. eine dreischiffige Basilika befunden hatte. Diese wurde im 8. Jh. während der Maureneinfälle stark beschädigt. Im 10. Jh. ließ man die Reliquien der heiligen Eulàlia, einer Märtyrerin aus der Zeit der Christenverfolgungen unter Diokletian, in die Basilika überführen. Das heutige Bauwerk stammt im Wesentlichen aus der Zeit zwischen 1298 und der Mitte des 15. Jh. Die Fassade im neogotischen Stil wurde erst gegen Ende des 19. Jh. geschaffen.

Zu den größten Kostbarkeiten zählen der Chor mit seinem höchst kunstvoll geschnitzten Chorgestühl, die vier szenischen Marmorreliefs auf der Rückseite des Chors (»Trascoro«), schließlich in einer Kapelle des südlichen Seitenschiffs der berühmte Christus von Lepanto, eine eindrucksvoll gearbeitete hölzerne Christusfigur, die im Jahr 1571 beim Sieg gegen die türkische Flotte in der Seeschlacht von Lepanto das Kommandoschiff zierte. Sehenswert ist auch der Kreuzgang.

Ciutat Vella • Pl. de la Seu • Metro: Jaume I (c 3) • tgl. 13–17 Uhr • Eintritt Kathedrale frei, Besichtigung Chorgestühl 5 €, Fahrstuhl zum Dachgeschoss 2,50 €

Font Màgica de Montjuïc

▶ S. 145, D 12

Diese älteste in der Stadt bestehende Wasserorgel wurde 1929 im Rahmen der Weltausstellung vom Architekten Carles Buigas eingerichtet und seinerzeit als lichtdurchfluteter Wasserstrom geplant, der sich den Abhang vom Palau Nacional herab ergießt. Ausgeführt wurde das Projekt mit Wasserspielen an der Rundfontäne, begleitet von beleuchteten Springbrunnen und Wasserfällen.

Sants-Montjuïc • Verlängerung der Av. de la Reina María Cristína • Metro: Espanya (c 2) • Wasserspiele: Mai–Okt. Do–So 21.30–23.30 Uhr, Nov.–April nur gelegentlicher Betrieb

Gran Teatre del Liceu

▶ S. 150, A 21

Das Opernhaus entstand in den Jahren 1844 bis 1848 nach den Plänen von Miquel Garriga i Roca auf dem durch einen Brand des Trinitarierklosters frei gewordenen Platz an den Ramblas, zunächst ganz nach dem Vorbild der zeitgleich errichteten Oper von Paris. Nach einem Brand musste 1862 das Gebäude von Oriol i Mestres grundlegend neu konstruiert werden. Er verlieh ihm, ganz entgegen der damaligen Tradition, eine Bahnhofsfassade mit Rundbogenar-

Wegzeiten (in Minuten) zwischen wichtigen Sehenswürdigkeiten
*mit öffentlichen Verkehrsmitteln

	C. Batlló, C. Amatller	Catedral	Mercat de la Boquería	Mon. a Colom	Museu Picasso	Parc Güell	Montjuïc	Poble Espanyol	Port Olímpic	Sagrada Família
Casa Batlló, Casa Amatller	–	13	15	25	20	40*	45	35*	20*	25
Catedral	13	–	5	10	8	45*	35	40*	20*	15*
Mercat de la Boquería	15	5	–	10	13	40*	30	35*	25*	15*
Mon. a Colom	25	10	10	–	18	45*	25	30*	30	20*
Museu Picasso	20	8	13	18	–	50*	35	40*	25	25*
Parc Güell	40*	45*	40*	45*	50*	–	60*	50*	50*	35*
Montjuïc	45	35	30	25	35	60*	–	20	45*	40*
Poble Espanyol	35*	40*	35*	30*	40*	50*	20	–	50*	40*
Port Olímpic	20*	20*	25*	30	25	50*	45*	50*	–	25*
Sagrada Família	25	15*	15*	20*	25*	35*	40*	40*	25*	–

kaden und Rundbogenfenstern. Diese kennzeichnet das Gebäude bis heute. Sie verschleiert allerdings, dass hinter ihr der nach Mailand zweitgrößte Opernsaal Europas liegt. Er verfügt über eine riesige Bühne und fünf Ränge; alle Sitze sind in rotem Samt ausgeschlagen.

Das Gran Teatre wurde das Lieblingskind der großbürgerlichen Gesellschaft an der Wende zum 20. Jh., zumal als das Opernwerk Richard Wagners in Barcelona lebhaften Anklang fand. Vor allem die Logen waren damals heiß begehrt, erst 1981 hat man sie beseitigt. Ihren tragischsten Tag erlebte die Oper am 7. November 1893, als während einer Aufführung ein anarchistisches Bombenattentat 20 Personen tötete. Der Brand aus dem Jahr 1994, der die gesamte historische Inneneinrichtung zerstörte, ist vielen Bürgern Barcelonas noch in lebhafter Erinnerung. Vollständig nach dem alten Vorbild restauriert, bildet die Oper seit 1999 wieder einen der musikalischen Höhepunkte der Stadt. Das Theater kann nur im Rahmen einer Führung besichtigt werden.

Ciutat Vella • Las Ramblas 51–59 • Metro: Liceu (c 3) • Kartenvorbestellung: Tel. 9 32 74 64 11 • www.liceu barcelona.com • Führungen tgl. ab 10 Uhr • Ticket 8,70 €

Hospital de la Santa Creu i de Sant Pau ▸ S. 147, F 13/14

Die vom Modernisme-Architekten Lluis Domènech i Montaner von 1905 bis 1911 errichteten Gebäude wurden erst 1930 endgültig fertiggestellt. Originelle Jugendstilarchitektur, fußend auf dem Konzept einer Gartenstadt. Mischung aus mittelalterlichen, arabischen und Modernisme-Elementen. Von der UNESCO als Kulturerbe der Menschheit eingestuft, ist der Bau heute der Universität von Barcelona angegliedert. Besucher können das Eingangsgebäude betreten. Die anderen Räumlichkeiten können nur im Rahmen einer Führung besichtigt werden.

Horta-Guinardó • Carrer Sant Antoni M. Claret 167–171 • Metro: Hospital de Sant Pau (d 2) • Tel. 9 33 17 76 52 • Führungen tgl. 10–13 Uhr in Englisch, Französisch, Spanisch oder Katalanisch, Treffpunkt: Lobby des Verwaltungspavillons (Eingang Sant Antoni M. Claret/Cartagena)

Jardí Botànic de Barcelona
▸ S. 149, C 17/18

Der auf dem Montjuïc-Gelände angelegte Botanische Garten wartet mit einer Ausdehnung von derzeit 14 ha auf. In der sehr gepflegten Anlage sind Pflanzen und Bäume aus dem gesamten Mittelmeerraum sowie aus diversen Vegetationszonen Südafrikas, Australiens, Chiles und Kaliforniens zu bestaunen. Zahlreiche Erläuterungen begleiten den Besuch; Infozentrum, Erholungszonen.

Sants-Montjuïc • C. Dr Font i Quer 2 (gegenüber/oberhalb Olympiastadion) • Bus Nr. 50, Metro: Espanya (c 2) • www.jardibotanic.bcn.es • Juni–Aug. tgl. 10–20, April, Mai, Sept. tgl. 10–19, Feb., März, Okt. tgl. 10–18, Nov.–Jan. tgl. 10–17 Uhr • Eintritt 3,50 €

Mirador de Colom 🕇🕇
▸ Klappe hinten, c 6

Zur Seeseite hin steht am südlichen Ende der Ramblas die Kolumbus-Säule (Monument a Colom), ein weiteres Wahrzeichen Barcelonas. Wer zur 60 m hoch gelegenen Aussichtsplattform hinaufsteigt, genießt von

dort einen interessanten Blick auf das Hafengelände und die Altstadt.
Ciutat Vella • Monument a Colom • Metro: Drassanes (c 3) • Juni–Sept. tgl. 9–20.30, Okt.–Mai tgl. 10–18.30 Uhr • Eintritt 2,50 €, Kinder 1,50 €

Palau de la Música Catalana ★
▶ S. 150, C 21

Die prachtvolle Konzerthalle gilt als eines der bedeutendsten Gebäude des katalanischen Jugendstils. Das Bauwerk mit seinen opulenten Verzierungen und Dekorationen entstand 1905 bis 1908, Architekt war Lluís Domènech i Montaner, der auch andere wichtige Modernisme-Bauten in Barcelona konzipiert hat.
Auch die Konzerthalle wurde von der UNESCO in die Liste des Kulturerbes der Menschheit aufgenommen. Der Palau kann nur im Rahmen einer Führung besichtigt werden. Wer an Konzertkarten interessiert ist, sollte frühzeitig bestellen.

Ciutat Vella • C. de Sant Francesc de Paula 2 • Metro: Urquinaona (c 3) • Kartenvorbestellung: Tel. 9 32 95 72 00 • www.palaumusica.org • Führungen tgl. 10–18 Uhr • Ticket 12 €

Palau Güell
▶ S. 150, A 22

Der berühmte, von Gaudí zwischen 1885 und 1889 entworfene Palast zählt zu den Frühwerken des prominenten Architekten. Besonders beeindruckend ist die Konstruktion der Decken und der bunten Kamine auf dem Dach. Der Palau Güell ist nur im Rahmen einer Führung zu besichtigen. Derzeit wegen Renovierung geschlossen. Die Wiedereröffnung ist für Mai 2011 vorgesehen.
Ciutat Vella • Nou de la Rambla 3 • Metro: Liceu (c 3) • Tel. 9 33 17 99 74 • www.palauguell.cat • Di–Sa 10–14.30 Uhr • Eintritt frei

Parc d'Atraccions del Tibidabo
▶ Familientipps, S. 61

Der gut 100 Jahre alte Palau de la Música Catalana (▶ S. 73) gehört mit seiner überschwänglichen und bizarren Ausstattung zu den Meisterwerken des Modernisme.

Parc Güell 5 ♟ ▸ S. 143, D 7

Die von Antoni Gaudí konzipierte Parkanlage wurde inzwischen von der UNESCO in die Liste der Weltkulturgüter aufgenommen. Er liegt außerhalb des Zentrums, ist aber mit der Metro einfach zu erreichen und zählt zu den herausragenden Sehenswürdigkeiten der Stadt. Zu Beginn des 20. Jh. wurde der seinerzeit schon berühmte Architekt Antoni Gaudí von dem vermögenden Industriellen Eusebi Güell beauftragt, auf dem Gelände des heutigen Parks eine vorbildlich in die Natur integrierte Wohnsiedlung zu entwerfen. Da aber die Stadt Barcelona das Projekt am Ende nicht unterstützte, blieb es bei einem Park, der der Öffentlichkeit in den Zwanzigerjahren des 20. Jh. zugänglich gemacht wurde.

Zu den auffälligsten Konstruktionen zählen das Pförtnerhaus am Eingang zur Parkanlage und der farbige Drache Python, der griechischen Sage nach der Wächter der unterirdischen Gewässer. Darüber hinaus eine eigentümliche Säulenhalle und – ein Höchstmaß an Ästhetik und Originalität verkörpernd – eine knallbunte, lang geschwungene Mauerbank. Sie stammt von Antoni Gaudís Künstlerkollegen Josep María Jujol und ist nach der Trencadís-Methode, einer Art Collage mit bunten Keramikscherben, gearbeitet. Gaudí und seine Künstlerkollegen beschafften sich bei großen Keramikfirmen billige Ausschussware und ließen bei ihren Bauobjekten verschiedenfarbige Keramiksplitter und Scherben von Tellern, Tassen und Kacheln in den weichen Mörtel eindrücken. Auf diese Weise entstanden auf eine kostensparende Art sehr lebhafte Effekte, die sich ideal in das Gesamtensemble der Parkanlage einpassen.

Zum Park zählt auch die **Casa-Museu Gaudí** (▸ S.79), in der Gaudí viele Jahre lebte und arbeitete. Ab der

Kleine Verschnaufpause am Brunnen der Drei Grazien im Zentrum der Plaça Reial (▸ S. 75) – nur wenige Schritte abseits der Ramblas (▸ S. 75).

Metrostation Vallcarca erreicht man den Park über die Avinguda de l'Hospital Militar und das Treppenensemble auf der Baixada de la Glòria.
Gràcia • C. d'Olot s/n • Metro: Vallcarca (d 1) • Eintritt frei

Parc Zoològic 👫

▶ Familientipps, S. 61

Plaça Reial   ▶ S. 150, B 21/22

Der palmengesäumte, von schönen Arkaden und pompös verzierten Häuserfassaden im neoklassischen Stil eingefasste Platz zählt zu den würdevollsten Orten im Zentrum der Altstadt. Die Entstehung dieses schmucken Platzensembles geht zurück auf die Mitte des 19. Jh., die Laternen schuf der junge, seinerzeit noch wenig bekannte Antoni Gaudí. Den Platz säumen Terrassenlokale, Cafés, Bars und Pensionen. In Sommernächten wird der Ort zum beliebten Treffpunkt der Jugendlichen.
Ciutat Vella • Metro: Liceu (c 3)

Poble Espanyol   ▶ S. 144, C 12

Das Spanische Dorf auf dem Montjuïc wurde für die Weltausstellung des Jahres 1929 angelegt. Es ist heute ein viel besuchtes Freilichtmuseum und – vor allem in den Abendstunden und nachts – ein beliebtes Vergnügungszentrum. Das Museum zeigt Nachbildungen von originellen und historisch bedeutsamen Bauwerken aus ganz Spanien. Restaurants, Bars, Diskotheken, Kunstgewerbeläden sowie eine Flamenco-Bühne.
Sants-Montjuïc • Av. del Marquès de Comillas 13 bzw. 25 • Metro: Espanya (c 2) • www.poble-espanyol.com • Mo 9–20, Di–Do 9–2, Fr, Sa 9–4, So 9–24 Uhr • Eintritt 9 €, Kinder 5,60 €, Familien 20 €

Port Olímpic   ▶ S. 151, E/F 23

Das gesamte, nahe den Stränden gelegene Viertel ist ein schickes Freizeit-Revier gut betuchter Kreise, die sich hier vor allem an warmen Sommerabenden gerne einfinden. Neben dem Luxushotel Arts haben sich Restaurants, Terrassenlokale und Bars niedergelassen. Am Wochenende gehört die Strandpromenade den Spaziergängern und Radfahrern.
Sant Martí • Pg. Marítim de la Barceloneta • Metro: Ciutadella-Vila Olímpica (d 3)

Port Vell/Moll d'Espanya
▶ S. 150, B 23

Die 100 000 qm große Moll d'Espanya, Teil des alten Hafens, ist ein Unterhaltungs-, Freizeit- und Einkaufszentrum, das man über einen 330 m langen Holzsteg (Rambla de Mar) erreicht. Zu den herausragenden Attraktionen zählen neben dem berühmten **Aquarium** 2 (▶ S. 65) das Imax Port Vell, das Kinozentrum Cines Maremágnum mit acht Kinosälen sowie das eigentliche Maremágnum, ein riesiges Freizeit- und Einkaufszentrum mit Restaurants, Bars, Galerien und Fast-Food-Ketten.
Ciutat Vella • Metro: Drassanes (c 3)

Las Ramblas 6   ▶ S. 150, B 21

Stets bevölkerte, nahezu 1,4 km lange Promenade im Herzen der Innenstadt. Der von Bäumen gesäumte, rechts und links von verkehrsreichen Straßen eingefasste Boulevard verbindet die Plaça de Catalunya mit der Plaça Portal de la Pau (Kolumbus-Statue) und wird alljährlich von Abertausenden von Touristen besucht. Oft hört man auch den Namen La Rambla, korrekter ist aber Las Ramblas (oder auf Katalanisch

Les Rambles), denn zum Flanier-boulevard zählen mehrere Abschnitte – Rambla de Canaletes, Rambla dels Ocells, Rambla de les Flors und Rambla de Santa Mònica.

Der Name Rambla, ursprünglich aus dem Arabischen abgeleitet, bezeichnet im Spanischen ein mehr oder weniger ausgetrocknetes Flussbett, das

Figurengruppe der Heiligen Familie an der Fassade der Sagrada Família (▶ S. 76).

hier im 13. Jh. existierte. Seit dem Ende des 18. Jh. nehmen die Ramblas den Rang einer Flanier-, Einkaufs- und Prachtstraße ein. Die ehemalige Wegstrecke wurde überbaut. Auf dem oberen Teilstück haben sich vor allem Kioske mit einem umfangreichen Angebot an spanischen und internationalen Presseerzeugnissen niedergelassen. Auf der Rambla de les Flors dominieren die Blumen, gefolgt von Verkaufsständen für Haustiere auf der Rambla dels Ocells. Zur Rambla de Santa Mònica hin nimmt

die Zahl der Stände ab. Sonntags findet hier am Nachmittag ein kleiner Markt für Kunstgewerbe, Schmuck und Handwerksprodukte statt.

Die Ramblas werden vor allem im Sommer zur Bühne von Akrobaten, Mimen, Gauklern und Straßenmusikanten. Zu beiden Seiten der Promenade liegen zahlreiche Cafés und Läden, Hotels, Souvenirgeschäfte, Fast-Food-Lokale und Vergnügungsstätten. Einen Blick wert sind auch der Markt Boquería, der Ateneu Barcelonès, der Palau de la Virreina, die Belém-Kirche, das altehrwürdige Hotel Oriente und das Gran Teatre del Liceu (▶ S. 52).

Ciutat Vella • Metro: Catalunya, Liceu oder Drassanes (c 3)

Sagrada Família ⭐ **7**   ▶ S. 147, E 15

Als eine »Predigt aus Stein« bezeichnete Antoni Gaudí einst den von ihm konzipierten Sühnetempel, der heute alljährlich von Hunderttausenden besucht wird und zu einem weltbekannten Wahrzeichen Barcelonas geworden ist. Das der Heiligen Familie geweihte und bis zum heutigen Tag aus Spenden finanzierte Bauwerk gilt – obwohl auch andere Baumeister und Bildhauer beteiligt waren – als Lebenswerk des tiefreligiösen Stararchitekten Gaudí.

1882 begannen die Bauarbeiten, 1883 übernahm Gaudí die Bauleitung, die er nahezu 40 Jahre lang, bis zu seinem Tod 1926, innehatte. In diesen Jahren konnten unter anderem Teile der neogotischen Krypta, die Ostfassade (mit der Darstellung der Geburt Christi) und die Apsis fertiggestellt werden. Durch den Spanischen Bürgerkrieg kamen die Bauarbeiten zum Erliegen, erst 1952 wurden sie wieder aufgenommen. Zwischen 1954 und

1976 kamen die Nordfassade und die vier Passionstürme zum Abschluss. Von den geplanten 18 Türmen sind inzwischen acht gebaut.

Nichtsdestotrotz besaß der Meister für die Sagrada Família keinen umfassenden definitiven Bauplan, sondern improvisierte viel und aktualisierte die Konstruktionspläne je nach Bedarf. Einige der Pläne (viele wurden während des Bürgerkriegs vernichtet) sind heute in einem angegliederten Museum zu sehen.

Die gegenwärtigen, maßgeblich vom Bildhauer Josep María Subirachs geleiteten Fortsetzungsarbeiten an dem Gesamtkunstwerk basieren auf der Interpretation von Antoni Gaudís expressionistischem Symbolismus. Zu den bedeutendsten Elementen der Sagrada Família zählen die markanten Türme, die über eine Wendeltreppe bestiegen werden können (nur für Schwindelfreie geeignet), die wundervolle Geburts- oder auch Weihnachtsfassade (mit flügellosen Engeln) und die erst vor wenigen Jahren fertiggestellte Leidensfassade. Im November 2010 wurde die Kirche durch Papst Benedikt XVI. zur Basilika geweiht, sodass nun Gottesdienste stattfinden können. Alle Eintrittsgelder und Spenden kommen der Weiterführung des Kirchenbaus zu.
Eixample • Pl. de la Sagrada Família • Metro: Sagrada Família (d 2) • www.sagradafamilia.cat • Okt.–März tgl. 9–18, April–Sept. tgl. 9–20 Uhr • Eintritt 12 €, Aufzug 2,50 €

Santa María del Mar ▸ S. 150, C 22

Großer, kompakter Kirchenbau im von vielen engen Gassen durchzogenen Altstadtviertel Ribera. Der Entwurf des Gotteshauses, ein Inbegriff katalanischer Gotik, geht auf das 14. Jh. zurück. Als wirklich beeindruckend erweist sich vor allem der dreischiffige Innenraum. Die Anordnung der Pfeiler, Strebebögen und Gewölbe zeichnet sich durch perfekte Harmonie und eine klare, ausgewogen bemessene Struktur der Proportionen aus. So entsteht der angenehme Eindruck von Leichtigkeit und Schlichtheit.
Ciutat Vella • Pl. Sta. María del Mar • Metro: Jaume I (c 3) • tgl. 9–13.30, 16.30–21 Uhr

Santa María del Pi ▸ S. 67, a 1/2

Schöne einschiffige Kirche im reichen Stil der Bürgergotik, 1322 bis 1450 erbaut. Die Fassade wurde nach damaliger Art flächig zwischen zwei achteckigen Türmen mit Spitzbogenportal und Rosette als einzigem Zierrat gestaltet. Sie wird überragt vom braunen Prisma eines 55 m hohen Glockenturms (1470), der von fast allen auf die Kirche zuführenden Straßen aus sichtbar ist. Der großzügig komponierte Innenraum zeigt schöne Glasfenster und einen weit gezogenen, für Katalonien im 15. Jh. typischen Chorbogen. Auf dem Platz davor steht noch eine der Pinien, die der Kirche ihren Namen gaben.
Ciutat Vella • Pl. Santa María del Pi • Metro: Liceu (c 3)

Torre Agbar ▸ S. 147, östl. F 16

Vom französischen Architekten Jean Nouvel entworfenes, 144 m hohes Bürogebäude mit einer Verkleidung aus 4500 Glaslamellen. Das avantgardistische Hochhaus gehört dem städtischen Wasserwerk und markiert ein neues Wahrzeichen Barcelonas.
Sant Martí • Av. Diagonal 219–221 bzw. Carrer Ciutat de Granada 165 • Metro: Glòries (d 2) • www.torreagbar.com

Museen und Galerien
Gaudí, Miró und Picasso sind eigene Museen gewidmet, doch Barcelona bietet weit mehr. Einige Ausstellungen behandeln auch interessante Alltagsthemen.

◄ Fünf mittelalterliche Gebäudetrakte bilden den Rahmen für die umfangreiche Sammlung des Museu Picasso (▶ S. 88).

Wer nur wenige Tage Zeit in Barcelona zur Verfügung hat, wird sich auch auf nur einige Museen aus der erheblichen Vielfalt konzentrieren können. Stellen Sie sich durch gründliche Vorbereitung eine Route oder mehrere Routen zu jenen Museen zusammen, die nahe beieinander liegen. Und denken Sie daran: Die allermeisten Museen sind montags geschlossen und haben in der Regel im Winter und im Sommer unterschiedliche Öffnungszeiten.

Bei den Informationsstellen der Touristikämter (▶ S. 131) erhalten Sie Broschüren mit allen Daten und Erklärungen zu den einzelnen Museen. Ein Blick in diese Broschüren macht Ihnen die Planung und die Auswahl der attraktivsten Museen leichter. Über aktuelle Öffnungszeiten und Eintrittsgebühren informiert auch zuverlässig die wöchentlich erscheinende Zeitschrift »Guía del Ocio«.

Einige Museen bieten an bestimmten Sonntagen übrigens freien Eintritt. Und wenn Sie viele Museen besichtigen wollen, kann sich die Anschaffung eines **Artickets** (▶ S. 131) lohnen. Besucher, die über 65 Jahre alt sind, erhalten in fast allen Museen 50 % Rabatt auf den Eintrittspreis.

Früh kommen lohnt sich

Vor allem die prominenten Kunstmuseen werden in der Hauptsaison von vielen Touristen besucht. Wenn Sie den größten Andrang vermeiden wollen, kommen Sie so früh wie möglich, am besten genau dann, wenn das betreffende Museum gerade seine Pforten geöffnet hat.

Fotografieren – zumal mit Blitzlicht – ist in den Museen gewöhnlich generell verboten und nur da und dort mit einer Genehmigung, die extra zu beantragen ist, möglich.

MUSEEN

CaixaForum   ▶ S. 144, C 12

Untergebracht in einem aufwendig renovierten Modernisme-Gebäude, in der ehemaligen, von dem berühmten Architekten Josep Puig i Cadafalch 1911 konstruierten Textilfabrik Casarramona. Das Museum zeigt in einem beeindruckenden architektonischen Rahmen zeitgenössische Kunst, vor allem internationale Malerei und Bildhauerkunst. Betreiber des Museums ist die Stiftung des katalanischen Bankhauses La Caixa (Infos: www.fundacio.lacaixa.es). Sants-Montjuïc • Av. Marquès de Comillas 6–8 • Metro: Espanya (c 2) • http://obrasocial.lacaixa.es • Mo–So 10–20, Sa 10–22 Uhr • Eintritt frei

Casa-Museu Gaudí   ▶ S. 143, D 7

Dieses von dem Architekten Francesc Berenguer entworfene Haus im Parc Güell bewohnte Antoni Gaudí von 1906 bis 1926. Im Innern sind Möbel, Konstruktionspläne und Bauzeichnungen des Meisters ausgestellt. Gràcia • Parc Güell, Ctra. Carmel s/n • Metro: Vallcarca (d 1) oder Lesseps (c 2) • www.casamuseugaudi.org • April–Sept. tgl. 10–20, Okt.–März tgl. 10–18 Uhr • Eintritt 5,50 €, Kinder 4,50 €

Centre de Cultura Contemporània de Barcelona (CCCB) ▶ S. 146, A 16

Das unmittelbar neben dem Museu d'Art Contemporani de Barcelona (MACBA) gelegene Museum entstand durch die architektonisch sehr gelungene Überbauung eines historischen Klosterhofs und der angeschlossenen Gebäude. Auf enorm großer Fläche widmet sich die Ausstellung der zeitgenössischen Kunst und Kultur und betont insbesondere die Aspekte Innovation, Experiment und Avantgarde in den Bereichen darstellende Kunst, Musik, Film oder auch Tanz. Immer wieder interessant aufbereitete Sonderausstellungen stellen einzelne thematische Aspekte der Gegenwartskunst und -kultur in den Mittelpunkt. Für Freunde zeitgenössischer Kunst unbedingt ein Gewinn. Dem Museumskomplex sind auch Räumlichkeiten für Fortbildungen und Konferenzen, ein Shop, ein Café-Restaurant, eine Buchhandlung und ein Dokumentationszentrum angeschlossen. Kommentierte Führungen nur nach Voranmeldung. Zugänglich auch für Rollstuhlfahrer. Ciutat Vella • C. Montalegre 5 • Metro: Catalunya (c 2) • www.cccb.org • Di–So 11–20, Do bis 22 Uhr • Eintritt 4,50–6 €, Kinder frei

Cosmocaixa/Museu de la Ciència 👫
▸ S. 142, B 6
Hier werden naturwissenschaftliche Phänomene auf spielerische und anschauliche Weise nachvollziehbar gemacht. Planetarium, Präsentationen zu den Phänomenen Schallwellen, Optik, Licht, Laser, die menschlichen Sinne, Wettererforschung, Wärme, Trägheitsgesetze, Motoren etc. Dazu gesellt sich eine eigene Spezialabteilung für Kinder. Nach einer wesentlichen Vergrößerung präsentiert sich das Museum seit einigen Jahren mit sechs Tiefgeschossen und insgesamt neun Etagen. Horta-Guinardó • C. de Teodor Roviralta 47–51 • Ferrocarril: Av. del Tibidabo (c 1) • www.fundacio.lacaixa.es • Di–So 10–20 Uhr • Eintritt 3 €, inkl. Planetarium 4,50 € (Sonderabteilung 1,50 €)

Fundació Antoni Tàpies
▸ S. 146, B 15
Sitz der Stiftung ist ein historisches Verlagshaus, das der Jugendstilarchitekt Domènech i Montaner entworfen hat. Die Sammlung widmet sich dem Werk des katalanischen Künstlers Antoni Tàpies (* 1923) und gilt weltweit als umfassendste Ausstellung seiner Objekte. Dokumentiert sind die diversen Schaffensperioden des international hoch geachteten Künstlers. Darüber hinaus zeigt die Tàpies-Stiftung stets auch Werke anderer zeitgenössischer Künstler. Eixample • C. d'Aragó 255 • Metro: Pg. de Gràcia (c 2) • www.fundaciotapies. org • Di–So 10–19 Uhr • Eintritt 7 €

Fundació Foto Colectania
▸ S. 146, B 13
Die 2002 gegründete Stiftung Fundació Foto Colectania widmet sich der künstlerischen Fotografie spanischer und portugiesischer Künstler. Dabei liegt der Focus auf Werken, die zwischen 1950 und der Gegenwart entstanden sind. Die bislang zusammengetragene Sammlung besteht aus ungefähr 2000 Fotoarbeiten von 45 Fotokünstlern, darunter auch auf der Iberischen Halbinsel bekannte Namen wie etwa Toni Catany, Joan Colom, Inés Gonçalves oder Kim Manresa. Bisweilen werden Spezialausstellungen zu bestimmten Themen veranstaltet. Übersichtliche Präsentation der Fotos auf zwei Etagen. Eixample • C. Julián Romea 6 • Metro: Diagonal, Ferrocarriles: Gràcia (c 2) • www.colectania.es • Mo 17–20.30, Di–Sa 11–14, 17–20.30 Uhr • Eintritt 3 €

Fundació Francisco Godia
▸ S. 146, B 15

Francisco Godia Sales (1921–1990) war zu Lebzeiten einer der emsigsten und bedeutendsten Kunstsammler Spaniens. Er verstand es, seine enormen geschäftlichen Erfolge mit seinen Leidenschaften Kunst und Autorennen zu verbinden. Die von ihm zusammengetragene Sammlung umfasst hauptsächlich zeitgenössische Zeichnungen und Gemälde, aber auch Keramikkunst und mittelalterliche Kunstobjekte. Zugänglich auch für Rollstuhlfahrer.
Eixample • C. València 284 • Metro: Pg. de Gràcia (c 3) • www.fundacion fgodia.org • Mi–Mo 10–20 Uhr, Führungen Sa, So 12 Uhr • Eintritt 4,50 €

Fundació Joan Miró
▸ S. 149, D 17

Sitz und Ausstellungsgebäude der 1971 von Joan Miró gegründeten Kunststiftung. Schon das von Josep Lluís Sert geschaffene und 1975 eingeweihte Gebäude ist sehenswert. Die Kollektion der Werke von Joan Miró umfasst mehr als 300 Gemälde und Zeichnungen aus der Zeit zwischen 1917 und den Siebzigerjahren, zudem 150 Skulpturen. Für Miró-Verehrer ein Ort höherer Glückseligkeit.
Sants-Montjuïc • Parc de Montjuïc • Metro: Paral.lel (c 3) oder Bus 50 bis Av. de Miramar • www.bcn.fjmiro.es • Di–Sa 10–19, Do 10–21.30, So, Fei 10–14.30 Uhr • Eintritt 8,50 €

Museu d'Arqueologia de Catalunya
▸ S. 149, D 17

Das Museum widmet sich archäologischen Funden aus Katalonien und von den Balearen aus der Zeit zwischen dem Paläolithikum und der Epoche der Westgoten (5. bis 7. Jh. n.Chr.). Darüber hinaus sind auch Mosaiken, Skulpturen und Keramik aus der Herrschaftszeit der Griechen und Römer zu sehen.

Die Joan-Miró-Stiftung (▸ S. 81) im Parc de Montjuïc zeigt zahlreiche Bilder, Grafiken, Skulpturen, Wandteppiche und Keramiken des in Barcelona geborenen Meisters.

Sants-Montjuïc • Pg. de Santa Madrona 39–41 • Metro: Espanya (c 2) • www.mac.es • Di–Sa 9.30–19, So, Fei 10–14.30 Uhr • Eintritt 3 €, Kinder frei

Museu d'Art Contemporani de Barcelona (MACBA) ▸ S. 146, A 16

Avantgardistisches Museum für zeitgenössische Kunst. Das originelle Gebäude stammt von dem amerikanischen Stararchitekten Richard Meier. Ausgestellt sind Werke von Künstlern wie Calder, Tàpies, Pistoletto oder Boltanski.
Ciutat Vella • Pl. dels Àngels 1 • Metro: Catalunya (c 2) oder Liceu (c 3) • www.macba.es • Mo, Mi–Fr 11–19.30, Sa 10–20, So, Fei 10–15 Uhr • Eintritt 7,50 €, Kinder frei

Museu de les Arts Decoratives
▸ S. 140, B 3

Untergebracht im schönen Palastgebäude Palau Reial de Pedralbes nahe der Universität, widmet sich diese rundum interessante, von Urlaubern meist viel zu wenig beachtete Sammlung der Welt des Designs und der künstlerischen Dekoration. Zu sehen sind beispielsweise zahlreiche schön und kunstvoll geschaffene Objekte aus dem häuslichen Bereich des Mittelalters; zudem wird typisches Design aus den diversen Stilen und Perioden der Moderne ausgestellt.
Gut vertreten ist auch die zweite Hälfte des 20. Jh. mit für die Zeit typischen Möbeln, Lampen und Gebrauchsgegenständen bis hin zu Parfüm- und Rasierwasserflaschen. Eine Fachbuchhandlung und eine Bibliothek bereichern dieses sehenswerte Museum. Kommentierte Führungen auf Anfrage. Zugang auch für Rollstuhlfahrer möglich.

Sarrià-Sant Gervasi • Av. Diagonal 686 • Metro: Palau Reial (b 2) • www.museuartsdecoratives.bcn.es • Di–So 10–18, So, Fei 10–15 Uhr • Eintritt 4,20 €, Kinder frei, So ab 15 Uhr frei

Museu Barbier-Mueller d'Art Précolombí ▸ S. 150, C 22

Diese Sammlung wird auch Museo precolombino genannt und ist direkt neben dem Picasso-Museum im umgebauten Palau Nadal aus dem 15. bzw. 16. Jh. untergebracht. Ungefähr 80 hochinteressante Ausstellungsstücke widmen sich der Geschichte Mittel- und Südamerikas vor der Eroberung durch die Spanier. Zu sehen sind Keramiken, Grabbeigaben, Skulpturen oder Textilien, beispielsweise aus der Kultur der Azteken, Mayas, Inkas sowie von weniger bekannten Andenvölkern wie den Chavin oder Mochique.
Besonders reich präsentiert sich die Objektsammlung aus dem Amazonasgebiet. Entstanden ist die Ausstellung in Zusammenarbeit mit dem Museum Barbier-Mueller im schweizerischen Genf, dessen Sammlung auf das Jahr 1908 zurückgeht.
Ciutat Vella • C. Montcada 12–14 • Metro: Jaume I (c 3) • www.barbiermueller.ch • Di–Fr 11–19, Sa, So 11–20 Uhr • Eintritt 3 €, Kinder frei, 1. So im Monat frei

Museu del Calçat ▸ S. 67, a/b 1

Das Schuh-Museum befindet sich in einem historischen Renaissancegebäude, das ehemals der Gilde der Schuhmacher gehörte. Die Sammlung umfasst vielerlei Schuhe der unterschiedlichsten Stile und Epochen. Darunter befinden sich auch einige besonders originelle und prominente Einzelstücke wie beispielsweise die

Das MACBA, das Museum für zeitgenössische Kunst (▶ S. 82), ist selbst eine architektonische Attraktion. Dort finden auch Einzelausstellungen moderner Künstler statt.

Spezialschuhe eines Bergsteigers der ersten katalanischen Mount-Everest-Expedition. Auch historisches Handwerkszeug der Schuster wird gezeigt. Eine Rampe für Rollstuhlfahrer ist vorhanden. Geführte Besichtigungen können nach Voranmeldung arrangiert werden.

Ciutat Vella • Pl. Sant Felip Neri 5 • Metro: Jaume I (c 3) • Di–So 11–14 Uhr • Eintritt 2,50 €

Museu de la Catedral   ▶ S. 67, b 1

Das Museum der Kathedrale birgt sakrale Kunst aus mehreren Jahrhunderten, darunter eindrucksvolle Gemälde wie beispielsweise die »Pietà« von Bartolomé Bermejo von 1490. Die vorgestellten Devotionalien entstammen vergangenen Epochen und werden heute nicht mehr benutzt. Sehenswert ist auch das gotische Ausstellungsgebäude.

Ciutat Vella • Pl. de la Seu s/n • Metro: Jaume I (c 3) • Mo–Sa 10–12.15, 17.15–19, So 10–12.45, 17.15–19 Uhr • Eintritt 1 €, 1. So im Monat 10–15 Uhr frei

Museu de Cera   ▶ S. 150, A 22

Wachsfigurenmuseum, in direkter Nähe der Ramblas gelegen. Ausgestellt sind – detailgetreu aus Wachs gefertigt – rund 360 historische Persönlichkeiten aus Politik, Kultur, Kunst und Unterhaltung. Um die Ecke befindet sich das sehenswerte, bei Kindern beliebte **Café El Bosc de les fades** 🍴🍴, dessen Interieur einer romantischen Märchenwelt nachgebildet ist (▶ S. 61).

Ciutat Vella • Pge. de la Banca 7 bzw. Rambla Sta. Mònica 4–6 • Metro: Drassanes (c 3) • www.museocera bcn.com • Mo–Fr 10–13.30, 16–19.30, Sa, So, Fei 11–14, 16.30–20.30 Uhr • Eintritt 15 €, Kinder 9 €

Museu de Ceràmica ▶ S. 140, B 4

Ein durchaus lohnender Ausflug in die Geschichte der Keramikkunst. Die Sammlung beginnt chronologisch mit sehr schönen Keramikobjekten aus der Epoche der acht Jahrhunderte während den Maurenherrschaft in

Präparierte Vögel, Fische oder Insekten: Museu de Ciències Naturals (▶ S. 84).

Spanien. Die 15 Säle in der ersten Etage zeigen zudem keramische Kunst aus der Region Aragón, aus Katalonien, Sevilla, Alcora und Valencia. In der zweiten Etage sind Keramikarbeiten aus dem 20. Jh. zu sehen, darunter Objekte von Pablo Picasso, Joan Miró, Antoni Cumella und Josep Llorens Artigas.
Sarrià-Sant Gervasi • Palau de Pedralbes, Av. Diagonal 686 (im Palau Reial) • Metro: Palau Reial (b 2) • www.museuceramica.bcn.es • Di–So 10–18 Uhr • Eintritt 5 €, 1. So im Monat frei

Museu de Ciències Naturals ▶ S. 151, D 21

Im Museu de Ciències Naturals wurden die Bestände des **Museu de Geología** und des **Museu de Zoología** vereinigt. Zu sehen sind in der geologischen Abteilung Funde der Erdgeschichte, vor allem Fossilien, Gesteine und Mineralien aus Katalonien und dem restlichen Spanien.
In der zoologischen Abteilung wird eine Vielzahl präparierter Wirbeltiere, Reptilien und Insekten ausgestellt, wobei die Insektensammlung unter Kennern als besonders umfangreich gilt. Das vom Jugendstilarchitekten Domènech i Montaner konzipierte Gebäude diente während der Weltausstellung des Jahres 1888 als Café-Restaurant.
Ciutat Vella • Parc de la Ciutadella, s/n • Metro: Jaume I (c 3) • Di–Sa 10–18.30, So 10–14.30 Uhr • Eintritt 5,30 €, Kinder frei

Museu Egípci de Barcelona ▶ S. 146, B 15

Die Privatsammlung von Jordi Clos gilt als bedeutendste Zusammenstellung ägyptischer Kunst in Spanien. Die interessante Kollektion umfasst ungefähr 700 Exponate aus den Themenbereichen Pharaonenkult, Alltagsleben, Religion und Bestattungsbräuche im antiken Ägypten. Angeschlossen ist auch eine hervorragend sortierte Spezialbibliothek.
Im gleichen Haus befindet sich in der ersten Etage eine Privatsammlung (Fundacíon Francisco Godia) mit Malerei, Skulpturen und Keramik vom Mittelalter bis zur Gegenwart.
Eixample • C. de València 284 • Metro: Pg. de Gràcia (c 3) • www.museu egipci.com • Mo–Sa 10–20, So 10–14 Uhr • Eintritt 11 €

Museu de l'Erotica   ▸ S. 150, B 21

Hier finden interessierte Besucher eine bunte Mischung erotischer Kultgegenstände aus allen Erdteilen.
Ciutat Vella • La Rambla 96 • Metro: Liceu (c 3) • www.erotica-museum. com • tgl. 11–21 Uhr • Eintritt 7,50 €

Museu Etnològic   ▸ S. 149, D 17

Kultgegenstände und Alltagsobjekte, Werkzeuge und Schmuck aus den diversen Kulturen Afrikas, Ozeaniens, Asiens und Amerikas. Besonders eindrucksvoll sind die Exponate aus der vorspanischen Ära Lateinamerikas.
Sants-Montjuïc • Pg. de Santa Madrona s/n • Metro: Espanya (c 2) • Di, Do, Sa 10–19, Mi, Fr 10–14, So 10–14, 15–20 Uhr • Eintritt 3 €, Kinder frei, 1. So im Monat frei

Museu Frederic Marès (MFM)
▸ S. 67, c 1

Das Museum birgt überraschend interessante und originelle Kunstobjekte. Den Grundstock für die Sammlung schuf der renommierte katalanische Bildhauer Frederic Marès (1893–1991). Alle von ihm gesammelten Kunst- und Kulturgüter vermachte er der Stadt Barcelona.
Die Kollektion zeigt zunächst Skulpturen, Reliefs und andere bildhauerische Arbeiten aus vorrömischer Zeit bis in die Frühphase des 20. Jh. Des Weiteren ist ein Teil der von Marès in ganz Katalonien gesammelten Gegenstände aus der bäuerlichen und bürgerlichen Alltagskultur ausgestellt. Das MFM stellt damit eine der umfangreichsten Sammlungen zur Kultur des privaten Lebens im Katalonien des 19. und 20. Jh. dar.
Eine andere Abteilung widmet sich den Skulpturen von Frederic Marès und zeigt die von ihm gesammelten

Gemälde und Möbelstücke. Bisweilen werden Spezialausstellungen organisiert, die sich zumeist mit Epochen und Stilen der Bildhauerei beschäftigen. Behindertengerechte Zugänge.
Ciutat Vella • Pl. Sant Iu 5–6 • Metro: Jaume I (c 3) • www.museumares.bcn. es • Di-Sa 10–19, So 10–20, Fei 10–15 Uhr • Eintritt 4,20 €, Kinder frei, 1. So im Monat sowie Mi und So ab 15 Uhr frei

Museu del Futbol Club Barcelona 👫   ▸ S. 144, A 9

Trophäen, Dokumente, Fotos und audiovisuelle Informationen zur Geschichte des weltberühmten Fußballvereins F.C. Barcelona – des ewigen Rivalen von Real Madrid. Kostenlose Parkplätze, Shop, Cafeteria, Restaurant, Dokumentationszentrum. Zugang auch für Rollstuhlfahrer.
Les Corts • C. Arístides Maillol s/n, Eingang 7 und 9 des Stadions • Metro: Collblanc (b 2) • www.fc barcelona.com • Mo-Sa 10–18.30, So, Fei 10–14.30 Uhr • Eintritt 8,50 €, Kinder 6,80 €

WUSSTEN SIE, DASS ...

... der FC Barcelona mit mehr als 160 000 Mitgliedern der weltgrößte Sportverein ist? Häufig werden noch gar nicht geborene Kinder von den Eltern bereits als Vereinsmitglieder angemeldet.

Museu de Geologia
▸ Museu de Ciències Naturals, S. 84

Museu d'Història de Catalunya (MHC) 👫   ▸ S. 150, C 22

Ein Museum, das sich ausgiebig, einfallsreich und mit vielen Originalobjekten der Geschichte Kataloniens von den prähistorischen Anfängen bis zum Jahr 1980 widmet. Themenschwerpunkte im zweiten Stockwerk sind die Zeit der Jäger und Sammler, die Herrschaft der Iberer und der Römer sowie die Epoche der Konsolidierung Kataloniens im Mittelalter. Im dritten Stockwerk wurden vielerlei Exponate aus der Zeit der Industrialisierung, der sozialen Unruhen während des Aufkommens der anarchistischen Bewegung sowie des jahrzehntelangen katalanischen Widerstands gegen die Franco-Diktatur zusammengetragen. Ciutat Vella • Pl. de Pau Vila 3 • Metro: Barceloneta (c/d 3) • www.mhcat.net • Di–Sa 10–19, Mi 10–20, So, Fei 10–14.30 Uhr • Eintritt 4 €, Kinder frei, 1. So im Monat frei

Museu d'Història de la Ciutat
▸ S. 150, C 21

Das Museum erhebt sich direkt über historischen Ausgrabungen im Stadtzentrum. Die römische Vergangenheit Barcelonas, seinerzeit Barcino genannt, sowie die bedeutendsten Bauwerke aus dem Mittelalter stehen im Mittelpunkt der Sammlung. Viele Originalstücke aus dem römischen Barcino, darunter Olivenmühlen, Tonkrüge, Reliefs, steinerne Büsten, Münzen, auch Objekte aus westgotischer Zeit. Interessante Diashow zur Gründung Barcinos. Ciutat Vella • Pl. del Rei s/n • Metro: Jaume I (c 3) • www.museuhistoria.bcn.es • Di–Sa 10–20, So, Fei 10–15 Uhr • Eintritt 7 €, Kinder frei

Museu Marítim 👫 ▸ S. 150, A 22

Auf sehr anschauliche Weise wird hier die Geschichte der Seefahrt beleuchtet. Eine Abteilung widmet sich den Beziehungen zwischen Katalonien und Übersee, eine andere stellt eindrucksvoll die Schlacht von Lepanto nach, bei der 1571 die von Juan de Austria befehligte Flotte die türkische Flotte besiegte. Andere Abteilungen zeigen historische Galeeren, antike Galionsfiguren, Segelschiffe sowie Dokumente zur Geschichte des Barceloneser Hafens. Auch für Kinder interessant. Shop und Cafeteria. Das Gebäude ist ein Industriedenkmal, im Mittelter befanden sich hier die Werften. Ein Großteil des Museums ist derzeit wegen Renovierungsarbeiten geschlossen. Ein Termin für die Beendigung der Arbeiten steht noch nicht fest. Ciutat Vella • Av. de les Drassanes s/n • Metro: Drassanes (c 3) • www.museumaritimbarcelona.com • tgl. 10–20 Uhr • Eintritt frei

Museu Militar de Montjuïc
▸ Sehenswertes, S. 70

Museu del Modernisme Català
▸ Klappe hinten, c 1

Neueres Museum, das sich den repräsentativsten Werken des katalanischen Jugendstils widmet. Ausgestellt werden mehr als 300 Einzelstücke, darunter Mobiliar von Gaudí, Busquets, Homar sowie Gemälde (Casas, Camps, Brull, Barrau, Urgell), Zeichnungen und Skulpturen (Llimona, Arnau, Clara). Die Werke stammen größtenteils aus der Sammlung Pinós y Guirao. Wer sich für den katalanischen Jugendstil in seiner Vielfältigkeit interessiert, trifft hier auf eine Vielzahl von originellen Exponaten. Eixample • C. de Balmes 48 • Metro: Universitat (c 2) • www.mmcat.cat • Mo–Sa 10–20, So, Fei 10–14 Uhr • Eintritt 10 €

Neben wertvollen mittelalterlichen Fresken sind im MNAC, dem Nationalmuseum für katalanische Kunst (▸ S. 87) auf dem Montjuïc auch Werke der Moderne zu bewundern.

Museu Nacional d'Art de Catalunya (MNAC) 2   ▸ S. 148, C 17

Das Museum nennt allein 270 Werke aus der Romanik und etwa 300 aus der Gotik sein Eigen. Eine auf der ganzen Welt konkurrenzlose Sehenswürdigkeit sind die eindringlichen und farbenprächtigen romanischen Freskenmalereien. Sie stammen aus den Apsiden von 29 bedeutenden romanischen Kirchen der katalanischen Pyrenäen und konnten auf diese Weise vor den Zerstörungen durch den Spanischen Bürgerkrieg gerettet werden.

Neben diesen wunderschönen Freskenmalereien zeigt das Museum sakrale Gegenstände wie Monstranzen und Kreuze, eindrucksvolle Holzskulpturen und Säulenkapitelle. Darüber hinaus finden im restaurierten Palau Nacional wechselnde Ausstellungen statt. Außerdem besitzt das Museum mit den beiden Sammlungen Thyssen-Bornemisza sowie Cambó zwei hochinteressante Zusammenstellungen der europäischen Malerei. Die Abteilung für romanische Kunst wird restauriert und soll erst im Juli 2011 wieder zugänglich sein.

Sants-Montjuïc • Palau Nacional, Parc de Montjuïc • Metro: Espanya (c 2) • www.mnac.es • Di–Sa 10–19, So, Fei 10–14.30 Uhr • Eintritt 8,50 €, Kinder frei, 1. So im Monat frei

Museu Olímpic i de l'Esport 🏃🏃

▶ S. 148, C 18

Hier werden Erinnerungen an die Olympischen Spiele 1992 wach. Dies war – wie auch in der Ausstellung lebendig dargestellt wird – nicht nur ein 16 Tage dauerndes sportliches Ereignis. In Vorbereitung der Olympischen Spiele wie auch in den Jahren danach erfuhren mehrere Stadtteile Barcelonas, zumal der Hafen- und Küstenbereich, eine umfassende Neugestaltung und Modernisierung.

Die abwechslungsreiche Show in einem Flügel des Estadi Olímpic de Montjuïc dokumentiert den sportlichen und städtebaulichen Aspekt mit Originalobjekten, Erläuterungen und audiovisuellen Vorführungen. Zudem informiert die Präsentation über die Geschichte der olympischen Idee von den ersten Spielen 1896 in Athen bis zur Gegenwart. Zu den Besuchern zählen viele Schulklassen. Angeschlossen sind eine Videothek, ein Shop, ein Archiv, eine Buchhandlung sowie ein Dokumentationszentrum. Sants-Montjuïc • Estadi Olimpic, Av. de l'Estadi 60 • Metro: Espanya (c 2) oder Bus 55 bis Av. de l'Estadi • www.museuolimpicbcn.cat • Di–Sa 10–18, So, Fei 10–14.30, April–Sept. Di–Sa 10–20 Uhr • Eintritt 4 €, Kinder frei

Museu del Perfum

▶ Klappe hinten, d 1

Mehr als 10 000 Ausstellungsstücke aus der Geschichte der Parfümherstellung umfasst diese Kollektion, die von der Stiftung Fundació Planas Giralt bewahrt und gepflegt wird. Zu sehen sind originelle Parfümflaschen und andere -behältnisse der antiken Griechen, Punier, Ägypter oder Römer. Auch Einblicke in die Parfümkultur arabischer und orientalischer Völker werden gewährt. Sehr gut dokumentiert ist auch der Gebrauch von Parfüm in den Lebensstilen des 17., 18. und 19. Jh. Darüber hinaus wird die moderne industrielle Herstellung von Duftwässern erläutert. Eixample • Pg. de Gràcia 39 (Rückraum der Parfumería Regia) • Metro: Pg. de Gràcia (c 3) • www.museudelperfum.com • Mo–Fr 10.30–13.30, 16.30–20, Sa 11–14 Uhr • Eintritt 5 €

Museu Picasso 🔟   ▶ S. 150, C 21

Das Museum zeigt auf drei Etagen Werke von Picasso und einigen seiner frühen Zeitgenossen in chronologischer Anordnung. Zu sehen sind Bilder und Keramik der Schaffensperioden in La Coruña (Galicien), Málaga, Barcelona und Paris. Die in der Barcelona-Epoche entstandenen Gemälde und Zeichnungen zeigen Szenen aus dem Hafenmilieu, Porträts, Strände und Plätze sowie Landschaften. Die Sammlung umfasst zahlreiche auch weniger bekannte Werke Picassos aus seinen frühen Jahren.

Unter den späten Werken ragt vor allem die »Meninas«-Sammlung von 1957 heraus, 23 Variationen zum »Meninas«-Gemälde von Velázquez, ein Geschenk des Künstlers. Im Übrigen widmet sich das Museum in interessanten Sonderausstellungen diversen Zeitgenossen Picassos.

Das Museum erwarb vor einiger Zeit zwei weitere Paläste in der Carrer Montcada hinzu. Die neue, großzügigere Aufteilung erlaubt eine ideale Harmonie zwischen den kubischen

Elementen der gotischen Bauanlagen und den ausgestellten Gemälden. Im Sommer und am ersten Sonntag im Monat lange Warteschlangen. Es gibt auch eine 90-minütige »Walking Tour« auf den Spuren Picassos durch die Stadt. Die Führung schließt auch einen Besuch des Museu Picasso ein (www.barcelonaturisme.com; Ticket 10,50 €, 1. So im Monat 8,50 €). Ciutat Vella • C. de Montcada 15–23, Einlass Nr. 19 • Metro: Jaume I (c 3) • www.museupicasso.bcn.es • Di–So 10–20 Uhr • Eintritt 9 €, Kinder frei, 1. So im Monat ab 15 Uhr frei

Museu Taurí
▶ S. 147, E 16

Zu sehen ist eine Vielzahl von Exponaten aus der Geschichte des Stierkampfs: Originalkleidung prominenter Toreros, Poster, Fotos. Eixample • Gran Via de les Corts Catalanes 743 • Metro: Monumental (d 2) • Ostersonntag–Sept. Mo–Sa 10.30–14, 16–19, So 10–13 Uhr • Eintritt 3 €

Museu de la Xocolata 🍴
▶ S. 150, C 21

Das Museum widmet sich mit zahlreichen Objekten und Informationen der Geschichte der Schokoladenherstellung in Barcelona. Die Sammlung ist in einem historischen Gebäude im Stadtviertel La Ribera untergebracht. Im Foyer gibt es Pralinen und Schokoladeerzeugnisse zu kaufen. Zugang auch per Rollstuhl. Ciutat Vella • Pl. de Pons i Clerch/Ecke C. de Comerç 36 • Metro: Jaume I (c 3) • www.museudelaxocolata.com • Mo–Sa 10–19, So, Fei 10–15 Uhr • Eintritt 4,30 €, Kinder frei

Museu de Zoologia
▶ Museu de Ciències Naturals, S. 84

GALERIEN
Centre Català d'Artesanía
▶ S. 146, B 15

Eine ständige Ausstellungsadresse für katalanisches Kunsthandwerk. Viele kleinere Objekte aus Metall, Keramik, Glas, Kunststoff. Nicht so sehr Design, eher künstlerische Objekte. Ein Blick in das Schaufenster vermittelt schon einen treffenden Eindruck. Ciutat Vella • Banys Nous 11 • Metro: Liceu (c 3) • Mo–Fr 10–19, Sa 10–14, 15–19, So, Fei 10–14 Uhr

Ediciones de Diseño ▶ S. 146, C 15

Seit 1972 bestehendes Institut unter dem Patronat der Stadt Barcelona. Untergebracht in der Casa Tomàs (Jugendstil) und der Designerschule, die aber auch verkauft. Angeboten werden Möbel, Zimmerdekor und Accessoires führender Designer der Stadt. Immer für eine Überraschung gut, fast durchweg günstige Preise. Eixample • C. del Mallorca 281 • Metro: Pg. de Gràcia (c 2)

Gothsland ▶ S. 146, B 15

Gemälde, Accessoires und Originalobjekte aus der Zeit des katalanischen Jugendstils. In diesem Bereich wohl die beste Adresse der Stadt. Kompetente und seriöse Leitung. Eixample • C. Consell de Cent 331 • Metro: Pg. de Gràcia (c 2)

Joan Gaspar ▶ S. 146, A 15

Die führende Adresse für moderne Kunst. Gemälde, Grafiken, Skulpturen bei sehr fachmännischer Leitung des Geschäfts. Gelegentlich finden renommierte Wechselausstellungen statt. Exzellenter Ruf vor allem bei künstlerischen Raumobjekten. Eixample • Pl. Doctor Letamendi 1 • Metro: Universitat (c 2)

Ein Souvenir erstehen oder einfach nur die Atmosphäre genießen: Kaum eine Flaniermeile in Europa versprüht so viel Leben wie die Ramblas (▶ S. 75).

Spaziergänge
und Ausflüge

Kombiniert man Metro-Fahrten mit Spaziergängen,
erlebt man die Attraktionen der Stadt auf angenehme
Weise. Lassen Sie Raum für spontane Entdeckungen.

Das Barri Gòtic – Architektonische Pracht im Zentrum

CHARAKTERISTIK: Durch das Gotische Viertel und über Barcelonas berühmte Flaniermeile Ramblas mit Abstecher ins Picasso-Museum **DAUER:** etwa 3–5 Std.

 **LÄNGE:** knapp 5 km **EINKEHRTIPP:** La Vinya del Senyor, Pl. Santa María del Mar 5, Tel. 9 33 10 33 79, tgl. 12–1 Uhr €/€€

KARTE ▶ Klappe hinten, c 6–c 4 und S. 150, A 22–B 21

Der Spaziergang beginnt nahe dem Monument a Colom an der Plaça Portal de la Pau, denn dort nehmen die **Ramblas** , die prominente Flaniermeile der Stadt, ihren Anfang. Der Weg auf diesem Boulevard führt mit leichter Steigung aufwärts in Richtung Plaça de Catalunya. Sehenswürdigkeiten unterwegs sind die rechts nahe der Ramblas liegende Plaça Reial mit ihren stilvollen Arkaden, dann weiter links der große Wochenmarkt Mercat de la Boquería (MERIAN-Tipp, S. 43), der Palau de la Virreina aus dem 17. Jh. und die Kirche Nostra Senyora de Betlem. An der Plaça de Catalunya überqueren Sie diagonal den Platz und biegen in den breiten Passeig de Gràcia ein.

Bei Hausnummer 41 erreichen Sie die **Casa Amatller** und daneben die berühmte **Casa Batlló**  (Nr. 43), beides wundervolle Beispiele für die fantasievolle Gestaltungskraft des katalanischen Jugendstils.

Eine gründliche Betrachtung wert ist die Fassade des Gebäudes der Casa Batlló. Hier kommen die typischen Bauformen des katalanischen Jugendstils überall zur Geltung. Unbedingt lohnend ist auch ein Besuch im Innern des Hauses. Die künstlerische Formensprache Antoni Gaudís zeigt sich hier im Bereich der Treppen, Säulen, Fenster und Deckengewölbe. Die Formen sind fließend und erin-

nern stark an Strukturen oder Ornamente aus der belebten Natur.

Plaça de Catalunya ▶ Las Ramblas

Sie kehren auf der anderen Seite des Passeig de Gràcia zur Plaça de Catalunya zurück und folgen der Avinguda Portal de l'Àngel durch das Einkaufsviertel bis zur Plaça Nova und der **Kathedrale Santa Eulàlia**. Nach ihrem Besuch gehen Sie über die Carrer del Bisbe bis zur **Plaça Sant Jaume**, dem bedeutendsten Platz im Barri Gòtic. Gesäumt wird dieser Platz vom Palau de la Generalitat, dem Sitz der katalanischen Regierung, und dem Ajuntament de Barcelona, dem Rathaus der Stadt.

Von der Plaça Sant Jaume biegt die Carrer Llibreteria ab, sie bringt Sie zum **Museu d'Història de la Ciutat**, dem Stadtmuseum, an der Plaça del Rei. Nun geht es über die Plaça de l'Àngel, dann weiter über die Carrer de la Princesa. Schließlich rechts in die Carrer de Montcada einbiegend erreichen Sie dort bei der Nr. 15 das berühmte **Museu Picasso** . Zu sehen sind Bilder aus Picassos Schaffensperioden in Galicien, Málaga, Barcelona und Paris, auch weniger bekannte Frühwerke des Künstlers. Nach dem Besuch des Museums führt der Weg durch die Carrer de Montcada zur schönen gotischen Kirche **Santa María del Mar**. Von dort geht es wieder zurück zu den Ramblas.

Gràcia – Zu den Monumenten des katalanischen Jugendstils

CHARAKTERISTIK: Ein Architekturbummel mit prächtigen Bürgerhäusern des katalanischen Jugendstils **DAUER:** halber Tag **LÄNGE:** ca. 2,5 km **EINKEHRTIPP:**

Citrus, Pg. de Gràcia 44, Tel. 9 34 87 23 45, www.citrus.angrup.com, Mo–Do 13–16.30, 19.30–3, Fr, Sa bis 1, So, Fei bis 24 Uhr €€
KARTE ▶ S. 95 und S. 142, C 8 – S. 147, D 14

Wenn Ihnen dieser Spaziergang zu lang erscheint, können Sie sich nur auf den ersten Teil der Route konzentrieren. Die Strecke von der Plaça de Lesseps zur Avinguda Diagonal ist unbedingt erlebenswert. Ausgangspunkt ist die Metrostation Lesseps.

Plaça de Lesseps ▶ Casa Vicenç
Sie begeben sich zur Plaça de Lesseps Nr. 30–32/Ecke Ronda del General Mitre, wo sich die beiden Häuser **Casas Ramos**, beide prächtige Exemplare des katalanischen Jugendstils, befinden. Beide Gebäude mit ihren

Prachtfassaden entstanden um 1906 und wurden von dem Architekten Jaume Torres i Gran (1880–1945) geschaffen. Auffallend sind hier vor allem die wunderschönen floralen Zierelemente der Fassade, die einen eher konservativen, gemäßigten Stil des Modernisme verkörpern.

Sie gehen die Carrer Gran de Gràcia hinunter und biegen dann bei der Hausnummer 191 nach rechts in die Carrer de les Carolines ein, wo Sie bei der Hausnummer 22–24 auf ein bemerkenswertes Kleinod des katalani-

Die Casa Vicenç (▶ S. 69) gehört zu den Frühwerken Antoni Gaudís. Im unteren Bereich noch eher klassisch gehalten, dominieren zum Dach hin die eher verspielten Elemente.

schen Jugendstils treffen: die **Casa Vicenç**. Dieses Privathaus wurde zwischen 1883 und 1889 von Antoni Gaudí entworfen bzw. gebaut und zeigt einen noch sehr verhaltenen, frühen Gaudí-Stil. Es dominiert die Kombination von Natursteinen, Ziegeln und Kacheln. Im oberen Bereich des Gebäudes sind wülstige und verspielte, teilweise maurische Formen zu erkennen. Dazu gehört auch ein gusseisernes Gartengitter in der Form stilisierter Palmblätter. Sie repräsentieren Baumuster der Natur.

Casa Vicenç ▶ Rambla de Prat

Der Weg führt weiter bis zur Avinguda del Princep d'Astúries. Sie überqueren sie und biegen – auf der anderen Seite der Straße angekommen – in die kleine Gasse **Passatge de Mulet** ein. Am Ende dieser Gasse beginnt eine sehr charaktervolle, 1870 geschaffene Wohnstraße bzw. Passage. Sie ist autofrei und zeigt mehrere typische kleine Bürgerhäuser aus dem letzten Drittel des 19. Jh. Nur noch wenige historische Wohnpassagen dieser Art haben in Barcelona überdauert. Sie gelten als architektonische Kostbarkeit.

Sie kehren nun zur Avinguda del Princep d'Astúries zurück, folgen ihr abwärts, bis links die **Rambla del Prat** abbiegt. Dies ist architektonisch eine besondere Straße, die Ihnen den Anblick von rund zwölf Jugendstilfassaden beschert. Kaum eine andere Straße in Barcelona verfügt über ein so dichtes, kompaktes Ensemble von kunstvoll verzierten Jugendstilfassaden, die zumeist restauriert wurden und sich sehr gepflegt präsentieren. Alle Fassaden mit ihren Fensterstürzen, Gittern und Balkonen zeigen eine eher verhaltene, nicht sonderlich überschwängliche Ausprägung des

Jugendstils, imponieren allerdings durch Eleganz und ausgewogene Formen, so wie es das begüterte Bürgertum seinerzeit favorisierte.

Carrer Gran de Gràcia ▶ Casa Comalat

Am Ende der Rambla del Prat erreichen Sie wieder die **Gran de Gràcia**, der Sie nach rechts (abwärts) folgen. Hier entdecken Sie mehrere Häuser mit mehr oder weniger pompösen Jugendstilfassaden. Unter ihnen hebt sich das Haus Nr. 81 (rechts) heraus. Es stammt aus dem Jahr 1905 und besticht vor allem durch seine kostbare Erkerverglasung. Im Parterre ist das galicische Luxusrestaurant Botafumeiro untergebracht. Beachtenswert ist auch die Fassade des Hauses Nr. 74, die Modernisme-Elemente mit klassizistischen Bauformen verbindet. Beeindruckend sind nicht zuletzt die Buntglasverzierungen.

Folgen Sie der Gran de Gràcia weiter abwärts, erreichen Sie die Haus-Nr. 15. Im Erdgeschoss hat sich die Konditorei La Colmena niedergelassen. Im ersten Geschoss erblickt man einen wunderschön verzierten Erker aus buntem Glas, gleichfalls eine virtuose Arbeit, inspiriert vom katalanischen Modernisme. Links bei der Nr. 2–4 lohnt ebenfalls eine Betrachtung der Jugendstilfassade. In diesem monumental konstruierten Gebäude lebte einst der katalanische Dichter Salvador Espriu.

Von nun an weitet sich die Straße. Rechter Hand an der Ecke Passeig de Gràcia und Avinguda Diagonal hat in einem markanten Hochhaus das deutsche Generalkonsulat seinen Sitz. Sie biegen aber nicht rechts, sondern links in die Avinguda Diagonal ein und treffen bei der Nr. 442 auf die **Casa Comalat**, die der Gaudí-Schüler Salvador Valeri i Pupurull (1873–

1954) zwischen 1909 und 1911 errichtet hat. Die grandiose Modernisme-Fassade zeigt typische Knochenarchitektur und wülstige Formen. Hier lohnt unbedingt ein Blick durch das Fensterglas des kostbar verzierten Holzportals. Innen erkennt man einen über alle Maßen prachtvoll gestalteten Hausflur mit edlem Holz- und Stuckdekor.

Casa de les Punxes ▶ Verdaguer

Sie folgen auf unserer Route nun der Avinguda Diagonal bis zur Hausnummer 416–420. Welch ein großes, kurios gestaltetes Gebäude erwartet

Sie dort! Dies ist die **Casa de les Punxes**, auch Casa Terrades genannt und erbaut in den Jahren 1903 bis 1905. Der berühmte Architekt Puig i Cadafalch hat dieses Modernisme-Gebäude im Stil einer mittelalterlichen zentraleuropäischen Burg geschaffen. Auffallend sind die schönen Spitztürmchen, die schmiedeeisernen Ornamente und die bunten Zierkacheln. Wahrlich ein eigentümliches Bauwerk! Sie biegen anschließend in die Carrer de Provença ein und erreichen bald die Metrostation Verdaguer, wo der Spaziergang endet.

Im Fokus

Gaudí und der Modernisme

Die Jugendstil-Architektur wird zum Spiegel der Wiedergeburt des katalanischen Selbstbewusstseins.

Nach dem Spanischen Erbfolgekrieg (1701–1714) verliert Katalonien seine Autonomie und zahlreiche Privilegien. Es beginnt eine Periode des kulturellen Niedergangs. Erst Anfang des 19. und verstärkt ab Mitte des 19. Jh. erholt sich die Region wieder. Inzwischen ist eine leistungsfähige Textilindustrie herangewachsen, die Verkehrswege werden modernisiert. Barcelona wird nun zur bedeutendsten Industriestadt ganz Spaniens. Dies alles trägt nach den Jahren der Depression zur Wiedererstarkung des katalanischen Nationalbewusstseins bei. »Renaixença« nennen die Katalanen diese Rückbesinnung auf ihre Identität. Vor allem das von einer Welle des Wohlstands getragene katalanische Bürgertum erweist sich als eine selbstbewusste, auf Modernisierung dringende Kraft. Nicht wenige Großindustrielle engagieren sich für einen künstlerischen und architektonischen Ausdruck dieses katalanischen Wirtschaftswunders.

Im Kontext der Weltausstellung von 1888, die in Barcelona stattfindet, präsentieren sich die ersten Bauvorhaben, die den neuen Geist von Erfolg, Nationalstolz und Innovation unterstreichen sollen. Zu einer differenzierteren stilistischen Ausprägung kommt es aber erst um das Jahr 1900, als der katalanische Jugendstil unter dem Begriff Modernisme nahezu alle katalanischen Städte erfasst.

◄ Der von Antoni Gaudí konzipierte Parc Güell (▶ S. 74) ist eine Art öffentliches Freilichtmuseum.

Junge, ambitionierte, vom Modernisme inspirierte Architekten gibt es in dieser Phase nicht wenige. Auch an reichen Bauherren, vielfach erfolgsverwöhnte Textilunternehmer, die nach eigensinnig konstruierten, originellen und exzentrischen Repräsentationsbauten gieren, fehlt es nicht. Finer von ihnen heißt Don Eusebi Güell i Bacigalupi. Er lernt den 25 Jahre alten Architekten Antoni Gaudí kennen, woraus sich eine rund 40 Jahre währende intensive Projektpartnerschaft ergibt. Der reiche Fabrikant Eusebi Güell stellt das Kapital; und Antoni Gaudí (1852–1926) bekommt freie Hand für seine fantasievoll gestalteten Bauten im Stil des Modernisme.

Symbole und Ornamente

Es beginnt damit, dass Gaudí 1886 von Güell den Auftrag erhält, einen Stadtpalast zu bauen, der heute – benannt nach seinem Finanzier – den Namen Palau Güell trägt. Nur die besten, teuersten Baumaterialien finden Verwendung, sogar Hölzer aus Brasilien werden herbeigeschafft. Güell lässt Gaudí gewähren, auch als der sich anschickt, gotische und Mudéjar-Bauelemente in ziemlich ausgefallener Weise miteinander zu kombinieren. Aus der Liaison zwischen Mäzen Güell und Architekt Gaudí entstehen später noch weitere Modernisme-Gebäude wie etwa eine Gartenstadt im hügeligen Westen von Barcelona (Colònia Güell) oder der **Parc Güell** ✡5. Gaudí wird immer berühmter und gefragter. Mit jedem Auftrag kann er seine Stilvorstellungen noch konsequenter umsetzen. Zwischen 1905 und 1907 baut Gaudí auf Geheiß des Textilfabrikanten Josep Batlló i Casanovas die heutige **Casa Batlló** ✡4 um. Zwischen 1906 und 1910 errichtet Gaudí für seinen Freund und Gönner Pere Milà die **Casa Milà** ✡6, auch »La Pedrera« genannt. Und schon seit 1883 hat Gaudí die Bauplanung für die **Sagrada Família** ✡7, eine riesige komplexe Sühnekirche, inne.

Berühmte Architekten

Mehr als ein Dutzend Gaudí-Bauten sind in Barcelona zu besichtigen. Aber auch andere weniger prominente Modernisme-Architekten haben das Erscheinungsbild von Barcelona stark geprägt. Lluís Domènech i Montaner beispielsweise schuf für die Chorgemeinschaft Orfeó Català sein Meisterwerk **Palau de la Música Catalana** ✡1. Auch das Krankenhaus Hospital de la Santa Creu i de Sant Pau stammt von Domènech. Seine Bauten zeigen eine üppige Ornamentik und einen ausgeprägten Hang zum Konstruktivismus. Daneben hat der Politiker und Architekt Josep Puig i Cadafalch mit seiner Textilfabrik Fàbrica Casaramona, mit der Casa Amatller am Passeig de Gràcia oder auch mit der Casa de los Punxes die komplexe Stilrichtung des Modernisme bereichert. Die am Rande des Montjuïc-Hügels gelegene Textilfabrik gab der Fabrikant Casimir Casaramona im Jahr 1911 bei Puig in Auftrag.

Für eine Beschäftigung mit dem Modernisme sollte man sich Zeit nehmen. Es ist ratsam, lieber ein Bauwerk weniger zu besichtigen, dafür aber in aller Ausführlichkeit hinzuschauen, um die künstlerischen Konzepte des jeweiligen Architekten besser zu verstehen. Vielfach entdeckt man erst bei näherer Betrachtung das Zusammenspiel origineller Ornamente und Bauformen.

Hinauf zum Freizeitgelände Montjuïc – Der Hausberg Barcelonas

CHARAKTERISTIK: Der Spaziergang führt Sie heraus aus dem Getöse der City und lässt Sie eintauchen in idyllische Parks **DAUER:** ganzer Tag **LÄNGE:** ca. 7,5 km

 **EINKEHRTIPP:** Amaya, La Rambla 20–24, Tel. 9 33 02 10 37, www. restauranteamaya.com, Mo–So 13–16.30, 20–23.30 Uhr €€/€€€
KARTE ▸ S. 145, D 12–S. 150, A 22

Dies wird ein längerer Spaziergang, auch einige – wenngleich nicht dramatische – Steigungen gehören dazu. Der Montag ist ein ungünstiger Tag, dann hat das Museu Militar, das am Wegrand liegt, geschlossen.

Plaça de Espanya ▸
Jardins d'Aclimatació

Mit der Metro fahren Sie bis zur Plaça de Espanya, wo Sie in die Avinguda del Paral.lel einbiegen. Sie gehen am Messegelände vorbei und dann in die erste Straße rechts, die Carrer de Lleida. Dieser Straße folgen Sie bis ganz zum Ende, wo Sie den Passeig de Santa Madrona erreichen. Hier geht es auf einer Treppe, umgeben von grünen Bäumen, hinauf zum Gelände des **Montjuïc**. Ehe Sie nun der angegebenen Route folgen, noch ein Hinweis. Auf dem Montjuïc gibt es wahrlich auch noch andere lohnende Ziele, die nicht am Wegrand unserer Route liegen. Etwa das renommierte **Museu Nacional d'Art de Catalunya** 🟡 oder die **Fundació Joan Miró** 🟠 . Da und dort kann es also durchaus verlockend sein, von der Strecke abzuweichen und sich auch anderen Attraktionen zuzuwenden.
Sie erreichen ein parkähnliches Gelände, überqueren eine Straße und folgen der Route zunächst immer weiter geradeaus, dann in Kehren bergauf bis zur breiten Avinguda Estadi und wenden sich an deren Rand

nach rechts. Wenig später ist schon das **Olympiastadion**, ein markantes Beispiel moderner Architektur, zu sehen. Sie überqueren die Avinguda, gehen am Olympiastadion vorbei und erreichen direkt danach die **Jardins d'Aclimatació**, einen zwischen 10 Uhr und Einbruch der Dunkelheit geöffneten, wenig bekannten Park, der viele seltene Pflanzen und Bäume umfasst. Der Park wurde anlässlich der Weltausstellung des Jahres 1929 angelegt. Rund 200 Arten aus fünf Kontinenten sind hier heimisch, darunter auch einzigartige Exemplare wie etwa *Cedrela sinensis* und *Casimiroa edulis*. Der an der Botanik interessierte Besucher entdeckt hier etwa Eiben, Mimosen, Zypressen, Akazien, Kamelien, Maulbeerbäume und Eichen. Tauben, Elstern und Nymphensittiche fühlen sich hier so wohl wie ruhebedürftige Besucher.

Olympiastadion ▸ Castell de Montjuïc
Zurück am Olympiastadion werfen Sie einen Blick in das weite Rund dieses imposanten Gebäudes. Direkt hinter dem Stadion biegen Sie rechts in die Straße ein, die zum **Jardí Botànic** (ausgeschildert) führt. Sie bringt Sie zu dem erst vor wenigen Jahren angelegten Botanischen Garten. Er nimmt ein großes Hanggelände ein, wo Pflanzen und Bäume aus Übersee und aus dem Mittelmeerraum zu bestaunen sind. Nahe dem Eingang

zum Botanischen Garten führt eine Straße hinauf und biegt bald nach rechts hangaufwärts Richtung Passeig Migdia ab. Dort angekommen, folgen Sie der Hangstraße nach links und erreichen rechter Hand das **Castell de Montjuïc**.

Das monumentale, wuchtige Verteidigungsgebäude aus dem 18. Jh. lohnt einen aufmerksamen Besuch und beschert dem Besucher mehrere Attraktionen. Überaus beeindruckend ist zunächst der Ausblick aus luftiger Höhe. Zur Seeseite hin erkennt man den großen Containerhafen und Teile des Südwestfriedhofs. Zur Landseite hin schweift der Blick über die gesamte Innenstadt, aus der sich die Sagrada Família heraushebt. Im Innern des Kastells ist die Sammlung des **Museu Militar** (Di–So 10–19 Uhr; Eintritt 3 €) zu sehen. Sie umfasst vor allem Waffen, Standarten, Kriegsgerät, Karten sowie Uniformen.

Castell de Montjuïc ▶ Edificio Colón

Nach der wohlverdienten Pause – schließlich sind Sie bis zu einer Höhe von rund 170 m über Meeresniveau aufgestiegen – verlassen Sie das Kastell durch das große Eingangstor und wenden sich sofort nach rechts, wo ein befestigter Fußweg hangabwärts führt, zunächst zur Plaça Mirador de l'Alcalde und dann auf die abwärts führende Hangstraße. Hinter dem Tir Olímpic, einem Schießzentrum, biegen Sie rechts in eine kleine, abwärts führende Straße ein. Sie gehen unter einer Überführung durch und biegen dann sofort rechts in einen Park ein, wo ein Weg – im weitesten Sinne Richtung Zentralfriedhof auf der Südseite des Montjuïc – am Hang entlang verläuft. Unterwegs passieren Sie die gespannten Seile der Drahtseilbahn (»Transbordador aeri«).

Auf diesem Weg erreichen Sie die wenig bekannten **Jardins de Mossén Costa i Llobera**. Diese Parkanlage ist von 10 Uhr bis Einbruch der Dunkelheit geöffnet und überrascht durch eine Ansammlung von Tausenden von Kakteen, von denen einige bis zu 6 m hoch sind.

Nach der Besichtigung des schönen Parks kehren Sie wieder zu dem Weg zurück, auf dem Sie gekommen sind. Nach wenigen Metern führt ein Weg nach rechts hangabwärts zur Carrer les Batteries und dann weiter gerade-

Eine Seilbahn führt vom Hafen zur Station Miramar auf dem Montjuïc (▶ S. 70).

aus zur Carrer de Carrera. Sie folgen der Straße bis zur Avinguda del Paral.lel, überqueren sie, gehen wenige Meter am Museu Marítim entlang nach links, biegen dann die erste Straße rechts hinein und erreichen so das Edificio Colón und die Metrostation Drassanes.

Vom Alten Hafen zum Olympiahafen – Immer das Meer im Blick

CHARAKTERISTIK: Über das moderne Einkaufs- und Vergnügungszentrum Maremágnum und das volkstümliche Viertel Barceloneta zum Flanieren an die Meerespromenade **DAUER:** halber Tag **LÄNGE:** knapp 4 km **EINKEHRTIPP:** Paco Alcalde, C. Almirall Aixada 12, Tel. 9 32 21 50 26, Di geschl. €€

KARTE ▶ S. 150, A 22–S. 151, E 22

Markanter Beginn für diesen Spaziergang ist die Kolumbussäule nahe der Metrostation Drassanes. Der Spaziergang führt Sie an die Strände auf der Seeseite des Viertels Barceloneta. Wer also – entsprechendes Badewetter vorausgesetzt – den Spaziergang mit einem Bad im Meer kombinieren möchte, nehme Badekleidung und Handtücher mit.

Kolumbussäule ▶ Maremágnum

Sie gehen von der Kolumbussäule auf das schöne alte Zollgebäude zu. Rechts liegen am Kai die Ausflugsschiffe (Golondrinas) vertäut, mit denen Touristen eine Hafenrundfahrt bzw. eine Fahrt längs der Küste unternehmen können. Über die moderne Holzbrücke (Rambla de Mar) führt der Weg direkt auf das Gelände des **Maremágnum**. Durch eine riesige Glasfront treten Sie ein in dieses riesige, täglich geöffnete Einkaufs- und Vergnügungszentrum, wo nahezu rund um die Uhr Rummel geboten ist. Hochbetrieb herrscht hier und in den angrenzenden Gebäuden vor allem während der Nachtstunden am Wochenende. Dann vergnügen sich hier Tausende Einheimische und Zugereiste aller Altersgruppen.

Maremágnum ▶ Museu d'Història de Catalunya

Nach einer ausführlichen Begegnung mit dem Maremàgnum, auf das die Barcelonesen nach anfänglicher Skep-sis inzwischen mächtig stolz sind, verlassen Sie das Gebäude in Richtung Cinesa Maremàgnum (großes Kinocenter) und gehen am Imax Port Vell vorbei die Moll d'Espanya entlang, bis Sie nach rechts zum **Museu d'Història de Catalunya** abbiegen. Wer möchte, kann sich die Bestände des Museums anschauen. Sie informieren über die Geschichte und Kultur Kataloniens vornehmlich in der Zeit der frühen Besiedlung und während des Mittelalters.

Marina de Port Vell ▶ Platja Barceloneta

Ihr Weg führt weiter stadtauswärts am Hafenbecken und seinen Segeljachten (Marina de Port Vell) entlang bis zum Restaurant Barceloneta, wo Sie nahebei den Passeig Joan de Borbò erreichen. Auf dem Passeig gehen Sie ein Stück zurück (unterwegs kommen Sie an zahlreichen Fischrestaurants vorbei) bis zur Carrer de L'Admiral Cervera. In diese biegen Sie nach rechts ein und sind auch schon im volkstümlichen Viertel **Barceloneta**. Hier leben vornehmlich Arbeiter, Rentner, Gelegenheitsarbeiter und kleine Angestellte. Typisch für das Viertel ist die Struktur der geometrisch angelegten Straßen und das typisch mediterrane Ambiente mit buntem Straßenleben, vielen kleinen Bars, Tante-Emma-Läden und zum Trocknen aufgehängter Wäsche in nahezu allen Gas-

Lust auf einen Sprung ins Meer? Am weiten Stadtstrand von Barceloneta kein Problem. Weithin sichtbar ist die turmartige Installation der deutschen Künstlerin Rebecca Horn.

sen. Wem dieses Ambiente geselliger nachbarschaftlicher Solidarität und betonter Volkstümlichkeit gefällt, mag auch einen Blick in die Straßenzüge links und rechts der Carrer de l'Almirall Cervera werfen. Schließlich gehen Sie aber weiter auf dieser Straße und erreichen am Ende die Strandzone. Seit 1985 wurden die zur Seeseite angrenzenden Teile von Barceloneta radikal modernisiert, Lagerhallen und baufällige Häuser weggerissen und entkernt.

Platja Barceloneta ▶
Ciutadella-Vila Olímpica

Gelegenheit für ein erfrischendes Bad im Meer bietet sich hier an der **Platja Barceloneta**. Man schlendert am Strand oder auf dem Passeig Marítim weiter in Richtung Olympiahafen und erreicht die von zwei Hochhäusern (Torre Mapfre und Hotel Arts) überragte Zone, wo sich nahe dem Casino zahlreiche Restaurants, Clubs, Bars und Vergnügungsstätten angesiedelt haben.

Nach dem Besuch des volkstümlichen Barceloneta-Viertels sind Sie nun wieder in einer Gegend der edlen Etablissements. Wen wundert's. Der **Port Olímpic** liegt direkt vor der Haustür, davor der Passeig Marítim Port Olímpic. Hier treffen sich die Segelfreunde und Begüterten, die Geschäftsleute und Erfolgreichen vor oder nach einem Segeltörn oder zu einem gepflegten Essen in einem der schicken Terrassenrestaurants.

Am Olympiahafen kehren Sie nun um, nehmen den Weg zwischen den beiden besagten Hochhäusern hindurch, dann schräg nach links, überqueren die Ronda Litoral und erreichen schließlich die Metrostation Ciutadella-Vila Olímpica. Hier endet der Spaziergang.

El Raval – Ein traditionelles Viertel mit besonderem Charme

CHARAKTERISTIK: Dieser volkstümliche Stadtteil mit kosmopolitischem Charakter bietet zeitgenössische Kunst, originelle Geschäfte und Jugendstil im Hotel España

 **DAUER:** ca. 3 Std. **LÄNGE:** ca. 2 km **EINKEHRTIPP:** Restaurant und Taverne Candela, C. Hospital 48, Tel. 9 33 01 08 13, So geschl. €

KARTE ▶ Klappe hinten, c 3–4 und S. 146, B 15–S. 150, B 21

Das Raval-Viertel liegt westlich der Ramblas und lag im Mittelalter noch außerhalb der Stadtmauern. Soziologisch betrachtet sind es eher die Unterschichten, die hier leben: viele ausländische Mitbürger, nicht wenige deklassierte, arbeitslose oder einkommensschwache Barcelonesen.

Noch ein Hinweis: Lange herrschten in El Raval Drogenkriminalität und Prostitution vor. Das Viertel galt als gefährlich, und Touristen wurden vor einem Besuch gewarnt. Aber die Zeiten haben sich geändert, immer mehr Studenten und Künstler leben inzwischen hier. Zwar ist es auch heute noch ratsam, in den Nachtstunden nicht allein durch die einsamen, engen Gassen zu streifen, doch sollten Sie es auf keinen Fall versäumen, tagsüber das quirlige, multikulturelle Barrio zu entdecken.

Plaça de Catalunya ▶
Carrer del Carme

Als Ausgangspunkt dient die Metrostation der Plaça de Catalunya. Von hier aus gehen Sie ein Stück weit auf der rechten Seite der Ramblas (dieser Abschnitt heißt Ramblas Canaletes) abwärts bis zur Ecke, wo nach rechts die kleine Gasse Carrer del Bonsuccés abbiegt. Dieser Gasse folgen Sie, schon haben Sie **El Raval** erreicht und spüren bald mehr und mehr: Dies ist ein volkstümliches Viertel mit regem, buntem Straßenleben,

vielen kleinen Geschäften, einfachen Restaurants und Bars. Die Bausubstanz, teils wenig gepflegt oder recht verschlissen, stammt überwiegend aus dem 18. bzw. 19. Jh.

Vorbei am Convent del Bonsuccés erblickt man gegenüber auf der linken Seite (C. d'en Xuclá Nr. 25) das kleine Geschäft La Portorriqueña. Es besteht seit dem Jahr 1902 und hält für seine vornehmlich intellektuellen Kunden eine erlesene Auswahl an Kaffeesorten bereit. Sie folgen weiter geradeaus der Carrer d'Elisabets.

Rechts liegt bei der Nr. 6 das Bauwerk der 1665 errichteten ehemaligen Kirche **Iglesia de Nuestra Señora de Misericordia**, in dem heute eine Buchhandlung eingerichtet ist. Im benachbarten Gebäude ist ein Waisenhaus untergebracht.

Am Ende der Gasse erkennen Sie die Kirche Convent dels Àngels aus dem 15. Jh., rechts rückt ein avantgardistisch geformtes Doppelgebäude ins Blickfeld, das Centre de Cultura Contemporanea Barcelona (CCCB) und das Museu d'Art Contemporani de Barcelona (MACBA).

Sie aber biegen links in die Carrer dels Àngels ein. Dort befindet sich auch auf Hausnummer 8 das Restaurant Silenus mit einer kuriosen, altertümlichen Inneneinrichtung, die Erinnerungen an den Spätbarock des 18. Jh. weckt.

Carrer del Carme ▸ Rambla del Raval
An der Carrer del Carme wenden Sie sich nach links und gehen einige Meter am Hospital de la Santa Creu entlang bis zu den Jardins del Doctor Fleming, einem der typischen Plätze des Viertels, wo nahezu immer buntes Treiben herrscht. Die Gründung des **Hospital de la Santa Creu i de Sant Pau** geht auf das Jahr 1401 zurück. Damals war die karitative Institution das erste Großkrankenhaus Europas. Nun geht es an der Fleming-Büste (rechts am Rand der Plaça) vorbei, und man biegt in den Innenhof des Hospitals ein. Durch den sehenswerten Orangenhof erreichen Sie die Pforte. Es geht hinaus auf die **Carrer del Hospital** – eine der quirligsten Straßen des Viertels – und anschließend nach rechts. Hier wird in besonderem Maße deutlich, dass viele Mitbürger aus Pakistan, anderen asiatischen Ländern oder aus Nordafrika in El Raval leben. Viele von ihnen sind gläubige Moslems. Bei der Hausnummer 89/91 liegt der Eingang zu einer Moschee. In der Nachbarschaft gibt es nicht wenige einfache Restaurants, die Spezialitäten aus Pakistan oder Nordafrika anbieten.

Rambla del Raval ▸ Liceu
Nun ist die Rambla del Raval erreicht. Sie entstand, nachdem hier zahlreiche baufällige Gebäude abgerissen werden mussten. Sie wenden sich nach links, gehen auf der Rambla bis zur Ecke Sant Pau und biegen in diese Straße links ein. Auch hier wieder das typische Milieu des Viertels: billige Bars und Imbisse für Anwohner, kleine Läden für indische, pakistanische oder afroasiatische Spezialitäten; lebhaftes Treiben allerorten. Bei der Nr. 11 erreichen Sie rechts das ehrwürdige Hotel España

mit Lokalen und schönem Jugendstildekor. Gegenüber biegen Sie in die Carrer de L'Arc de Sant Agustí ein. Schließlich ist die belebte Plaça de Sant Agustí erreicht. Linker Hand liegt das gepflegte Mittelklassehotel San Agustin (drei Sterne); rechts das Restaurant La Morera (So geschl.), das für seine preiswerte Hausmannskost geschätzt wird.

Das Museu d'Art Contemporani (▸ S. 82) stammt von Stararchitekt Richard Meier.

Links neben dem Hotel San Agustin befindet sich das modern gestylte Terrassencafé Rita Blue. Nehmen Sie hier noch ein Erfrischungsgetränk und betrachten das bunte Treiben auf der Plaça? Ob ja oder nein, von der Plaça biegt rechts die Carrer de L'Hospital ab, die direkt zurück zu den Ramblas bzw. zur Plaça de la Boquería führt. Von hier ist es nur ein Katzensprung zur Metrostation Liceu, wo der Spaziergang zu Ende ist.

Ciutat Vella – Durch das historische Zentrum der Stadt

CHARAKTERISTIK: Rundgang durch die Ciutat Vella, den Stadtkern mit seinen mittelalterlichen Kirchen und Palästen **DAUER:** ca. 3 Std. **LÄNGE:** knapp 3 km

EINKEHRTIPP: Attic, La Rambla 120, Tel. 9 33 02 48 66, www.attic. angrup.com, tgl. 13–0, Sa bis 0.30 Uhr €€

KARTE ▶ Klappe hinten, c 4–5 und S. 150, B 21–S. 150, B 21

Den Ausgangspunkt für einen Altstadtrundgang bildet die Mitte der Ramblas beim Bodenmosaik Joan Mirós vor dem Gran Teatre del Liceu. Gegenüber zweigt die Carrer Cardenal Casañas zur hübschen Plaça del Pi ab, wo sich auch die im 14. Jh. erbaute einschiffige Bürgerkirche **Santa María del Pi**, Herz des Geschäftsviertels der Altstadt, befindet.

Sta. María del Pi ▶ Plaça St. Jaume

Nach Überquerung der seitlich an die Kirche anschließenden **Plaça Oriol** mit ihren schönen Bäumen betritt man die Carrer Ave María und begibt sich hinüber zur **Carrer dels Banys Nous**. Ihre charakteristische Krümmung verdankt die Straße der römischen Stadtmauer, die noch heute die Rückwand der jenseitigen Häuserzeile bildet. Noch einige Meter nach links die Carrer dels Banys Nous entlang, dann geht es rechts die Baixada de Sta. Eulalia hoch. Von hier können Sie einige Schritte nach rechts in die **Call** (das ehemalige jüdische Viertel) tun – oder auch nach links zur beschaulichen **Plaça Felipe Neri** mit

Das Gotische Viertel (▶ S. 66) bildet seit 2000 Jahren den Mittelpunkt der Stadt. Zentraler Blickfang ist die hoch aufragende Kathedrale Santa Creu (▶ S. 70).

Renaissancebrunnen und dem prächtigen Haus der Schuhmachergilde (Museu del Calçat). Danach kehren Sie zurück und gehen die Baixada de Sta. Eulalia weiter auf die Catedral zu, die Sie über den schönen Kreuzgang mit seinen Palmen betreten.

Die **Kathedrale** aus dem 14. Jh. ist ebenfalls gotisch, eine reizvolle Mischung nördlicher Stilformen und südlicher Lebendigkeit. Beim Verlassen durch das Hauptportal lohnt ein Abstecher nach links zur **Casa Ardiaca** mit ihrem wunderschönen Innenhof, einer Perle im spätgotischen Übergangsstil. An ihrem Portal findet sich Barcelonas schönster Briefkasten, entworfen vom Jugendstilarchitekten Domènech i Muntaner.

Wieder vor der Fassade der Catedral – sie entstand erst 1870, aber die Neugotik wirkt hier wie originär – geht es links weiter und über die Carrer de la Tapinería an zwei alten Palästen vorbei, dem Museu Fréderic Marès, dann dem Palau del Lloctinent (einst Archiv der Krone von Aragón), bis man links abwärts über die Plaça R. Berenguer den großen Hof des einstigen Königspalasts erreicht, die **Plaça Palau del Rei**. Er war, flankiert vom Palau del Lloctinent und der hochgotischen Capilla Sta. Agata, im Mittelalter königliche Residenz, nachdem die Grafen von Barcelona per Heirat mit der aragonesischen Erbin 1137 die Königswürde erlangten.

Sie verlassen den Palast über die Carrer Segovia und gehen die Carrer Llibreria hinauf zur **Plaça St. Jaume**. Sie bildet heute mit den beiden gegenüberliegenden großen Palastbauten das politische Zentrum der Stadt. Rechts steht der Palau de la Generalitat, Sitz der Landesregierung, links das Rathaus, Ayuntamient genannt.

Der zweite Teil des Spaziergangs führt zunächst ins mittelalterliche Residenzviertel. Links am Rathaus entlang, dann erneut links haltend erreichen Sie die hübsche **Plaça St. Just i Pastor** mit gleichnamiger Kirche. Sie können nun entscheiden, welchen Weg Sie nach rechts wählen, um über enge Gassen zwischen hohen wehrhaften Mauern mit Spitzbogenfenstern schließlich abwärts die Carrer Correu Vell zu erreichen. Die römischen Mauern an der **Plaça Traginers** (Fuhrmannsplatz) verraten: Hier erreichte die Stadt einst den Strand, hier lagen Umschlagplatz und Werft, früher auch die erste Poststation, und von hier gingen die Fuhrwerke ins Landesinnere ab. Sie folgen der Carrer Correu Vell entlang nach Westen, dann weiter die Carrer Regomir aufwärts, links die Carrer Sobradiel hinab und halb rechts die Carrer Escudellers hindurch, von wo aus man wieder direkt den Weg Richtung Ramblas nehmen kann. Alle diese Straßen befinden sich historisch betrachtet im einstigen römischen Villenviertel.

Bevor Sie jedoch die Ramblas erreichen, sollten Sie noch rechts hoch zur **Plaça Reial** gehen. Sie entstand erst 1848 im Stil der Plaças Mayores, wie sie viele spanische Städte besitzen, und fügt sich harmonisch in die Altstadt ein, obwohl sie niemals Zentralplatz wurde. Ihre Bogengänge, die schönen Brunnen und das lebendige Kommen und Gehen laden zum Verweilen in einer der Terrassenbars ein. Von hier sind es nur wenige Schritte bis zu den Ramblas. Dort kommen Sie an der Plaça del Teatre etwas unterhalb jenes Punktes an, von dem Sie Ihren Spaziergang begonnen haben.

AUSFLÜGE IN DIE UMGEBUNG

Der Klosterkomplex Montserrat

CHARAKTERISTIK: Der riesige Klosterkomplex steht für den Schönheitssinn und die Gläubigkeit der Katalanen. Auch die umliegende Felslandschaft ist sehenswert **ANFAHRT:** Mit dem Pkw (Autobahn bis Martorell, dann nordwärts Richtung Olesa/Manresa, ca. 60 km) oder mit dem Zug (Abfahrt Plaça Espanya, Linie R5) **DAUER:** Halbtages- oder Tagesausflug **EINKEHRTIPP:** Restaurant im Hotel Abad Cisneros (im Kloster), Tel. 9 38 77 77 01, www.101restaurantes.com, tgl. 13–16.30, 20–22.30 Uhr €€ **AUSKUNFT:** Informationszentrum Montserrat, Tel. 9 38 35 02 01 **KARTE ▶ S. 117, b 2**

Der Zug der Gesellschaft FGC fährt bis zur Station Aeri-Montserrat, wo die Seilbahn hinauf zum Kloster auf 750 m Höhe führt (Infos: Tel. 9 32 05 15 15 bzw. www.fgc.catalunya.net). Inzwischen gibt es auch eine Zahnradbahn, die ab der Station Monistrol zum Kloster hinauffährt. Organisierte Busausflüge von Barcelona zum Montserrat-Kloster bieten mehrere Veranstalter an, etwa Juliá-Tours (Tel. 9 33 17 64 54; Abfahrt tgl. 9.30 Uhr von der Ronda Universitat 5).

Das Montserrat-Gebirge mit seiner wilden Natur gilt auch als attraktives Wandergebiet, vor allem während der Sommermonate.

Der im 9. Jh. gegründete **Klosterkomplex** der Benediktiner liegt sehr exponiert inmitten eines bizarren Gebirges. Er wurde in der Folge mehrfach erweitert und während des Napoleonischen Krieges (1812) nahezu völlig zerstört, Mitte des 19. Jh. jedoch wieder aufgebaut. Verehrt wird hier die aus dem 12. Jh. stammende

Inmitten bizarrer Felsen liegt der bedeutendste Wallfahrtsort Kataloniens, das Monestir de Montserrat. Jährlich besuchen 700 000 Pilger das berühmte Benediktinerkloster.

Schwarze Madonna **Mare de Deu del Montserrat**, von den Katalanen auch als »La Moreneta« (kleine Schwarze) bezeichnet, weil das Holz der Statue mit den Jahren stark gedunkelt ist. Die Figur soll der Legende nach vom Apostel Lukas geschnitzt worden sein. Schon vor ihrer formellen Benennung zur Schutzpatronin Kataloniens wurde sie von der Bevölkerung als solche betrachtet. Zu den herausragenden Sehenswürdigkeiten zählen weiter ein romanisches Portal, die Reste eines doppelgeschossigen gotischen Kreuzgangs (15. Jh.), das Museum mit Gemälden aus dem 12. bis 20. Jh. (u. a. El Greco, Picasso, Dalí) sowie die großartige **Klosterbibliothek** mit 200 000 Bänden und fast 2000 historischen Handschriften. Von Montag bis Samstag singen um 13 und 19.15 Uhr (So 12 Uhr) in der Basilika Chorknaben mehrstimmige Chorwerke der Literatur.

Das Felsmassiv des Montserrat weist bizarre Gesteinsformationen auf, die im Lauf der Zeit durch die Erosion gebildet wurden. So erklärt sich auch der Name Montserrat, was so viel wie »gesägter Berg« bedeutet. Die höchste Erhebung erreicht hier 1235 m. Die Felslandschaft um das berühmte Kloster wird auch gern von Wanderern und Bergsteigern aufgesucht.

Arenys de Mar an der Costa Brava

CHARAKTERISTIK: In diesem freundlichen Küstenort hat ein eher beschauliches Ambiente überdauert **ANFAHRT:** Mit dem Pkw über die Autobahn Richtung Mataró, dann weiter auf der Küstenstraße (v. a. vor den Wochenenden herrscht hier starker Verkehr), bequemer ist die Eisenbahn: Alle 40 Min. fährt ein Zug in Richtung Arenys de Mar **DAUER:** Tagesausflug **EINKEHRTIPP:** Restaurant Els Pescadors in der Fischbörse (Llotja de Peix) am Hafen, Tel. 9 37 92 33 04, Mo–Sa 13–16, 20–24, So 13–16 Uhr €/€€ **AUSKUNFT:** Oficina de turismo, C. Riera Pare Fita 31, Tel. 9 37 92 26 01 **KARTE ▶ S. 117, c 2**

Dieser Ausflug führt hinaus aus der Millionenstadt Barcelona zu einem kleinen Küstenort an der Costa Brava. Die rund 11 000 Einwohner zählende Ortschaft liegt knapp 50 km nordöstlich zu beiden Seiten der Rambla d'Arenys, eines ehemaligen Flussbetts, wo sich heute eine breite Allee mit mächtigen Platanen befindet. Ursprünglich wurde die Siedlung von den Römern gegründet, einen wesentlichen Entwicklungsschub als Hafenstadt erhielt Arenys de Mar schließlich im 15. Jh. Noch heute ist der **Fischerei- und Jachthafen** von großer Bedeutung. Unbedingt sehenswert ist der gepflegte historische Ortskern im ehemaligen Flussbett. Hier bekommt man auch die gezuckerten Mandeln, eine Spezialität von Arenys de Mar, sowie den ebenfalls typischen Kräuterlikör »Calisay«.

Besonders lohnend macht den Ausflug das **Museu Marès de la Punta**. Es widmet sich der Tradition des Spitzenklöppelns, eines Handwerks, das hier einst sehr verbreitet war.

INFORMATION

Museu Marès de la Punta

C. de l'Esglèsia 43 • Di–Fr 18–20, Sa 11–13, 18–20, So 11–14 Uhr

Girona: Geschichte, Gaumenfreuden und Gemütlichkeit

CHARAKTERISTIK: Die gleichnamige Hauptstadt der Provinz Girona verfügt über eine gut konservierte Altstadt mit historischem Judenviertel und prachtvollen Palästen. Auch das kulinarische Angebot kann sich sehen lassen **ANFAHRT:** Mit dem Pkw geht es über die Autobahn in Richtung französischer Grenze. Rund um Girona herrscht oft ein starkes Verkehrsaufkommen, und die Suche nach einem Parkplatz kann Nerven und Zeit kosten. Weit bequemer ist die Anreise per Zug. Pro Tag gibt es ab Barcelona mehrere Zugverbindungen nach Girona **DAUER:** Tagesausflug **EINKEHRTIPP:** Cal Ros, Cort Reial 9, Tel. 9 72 21 91 76, www.calros-restaurant.com, Mo–Sa 12.30–16, 20.30–24, So 12.30–16 Uhr €€ **AUSKUNFT:** Touristeninformation, Rambla de la Llibertat 1 (Eingang zur Altstadt), Tel. 9 72 22 65 75, www.costabrava.org **KARTE** ▸ S. 117, c 2

Anders als in der Millionenstadt Barcelona geht es in der Verwaltungs-, Universitäts- und Einkaufsstadt Girona mit ihren rund 90 000 Einwohnern eher gemütlich und beschaulich zu. Während die Neustadt außer zahllosen Geschäften wenig Attraktives zu bieten hat, erlebt der Besucher die über dem Río Onyar auf einem Hügel gelegene **Altstadt** als ein kompaktes und sehr ansehnliches Ensemble von historischen Prachtbauten. Weite Teile der mittelalterlichen Stadtmauer sind erhalten. Ein lohnender Spaziergang, **Passeig de la Muralla** genannt, verläuft entlang der historischen Stadtmauer und führt teilweise über die Mauerkrone. Er ist ausgeschildert und nur zwischen 8 und 22 Uhr zugänglich.

Im Zentrum des Gassengewirrs der Altstadt erhebt sich die Kathedrale aus der Zeit zwischen dem 14. und 18. Jh. Angeschlossen und direkt zugänglich aus dem Innern der Kathedrale ist das **Museu Capitular de la Catedral**. Es beherbergt neben Skulpturen, Devotionalien, Kirchenschmuck und Gemälden eine herausragend interessante Kostbarkeit:

einen gut erhaltenen **Schöpfungsteppich** (»Tapís de la Creació«) aus dem späten 11. Jh. Die farbenprächtigen Seidenstickereien auf Leinen illustrieren auf ebenso naive wie expressive Art verschiedene Szenen der Schöpfungsgeschichte. Der viel bestaunte Wandteppich gilt als bedeutendstes Werk der romanischen Textilkunst in ganz Katalonien.

Die mittelalterliche Geschichte der Stadt ist stark mit der jüdischen Gemeinde Gironas verbunden. Von ca. 1160 bis 1492 (dem Jahr der Vertreibung der Juden aus Spanien) konzentrierte sich die jüdische Gemeinde im Judenviertel **El Call Jueu** im Herzen der Altstadt. Dies dokumentiert sehr informativ das in der Carrer de la Força 8 gelegene **Museu d'Historia dels Jueus**. Ausgestellt sind hier Grabsteine des ehemaligen jüdischen Friedhofs, Dokumente erläutern die Bestattungsriten und das religiöse Leben der seinerzeitigen jüdischen Gemeinde in Girona. Kaum eine andere Stadt in Katalonien kann mit einer ähnlich engagierten Ausstellung zur Geschichte der jüdischen Bevölkerung aufwarten.

Die Stadt Girona am Río Onyar wartet mit einem intakten mittelalterlichen Kern auf, beherrscht vom ungewöhnlichen Gebäudekomplex der Kathedrale Santa Maria.

Wer sich nach dem gemütlichen Schlendern durch die Altstadt kulinarisch belohnen möchte, sollte das Restaurant **Cal Ros** aufsuchen. Es verwöhnt den Gast mit kreativ komponierten katalanischen Traditionsgerichten. Auch die zentrale Lage unter schattigen Arkaden in der Altstadt und die gepflegte Atmosphäre sprechen für diesen Restaurant-Klassiker.

INFORMATIONEN

Museu Capitular de la Catedral

Pl. de la Catedral • Sommer tgl. 10–14, 16–19, Fei 10–14, Winter Di–So 10–14, 16–18 Uhr • Eintritt 3 €

Museu d'Historia dels Jueus

C. de la Força 8 • Juni–Okt. Mo–Sa 10–20, So, Fei 10–15, Nov.–Mai Mo–Sa 10–18, So, Fei 10–15 Uhr

Die Costa Brava von Tossa de Mar nach Palafrugell

CHARAKTERISTIK: Felsküsten, Sandstrände, Fischlokale und kulturhistorische Highlights prägen diesen Abschnitt der Costa Brava **ANFAHRT:** Mit dem Pkw nordostwärts über die C-32 in Richtung Mataró bis zum Ende der Autobahn nahe Blanes. Auf der Küstenstraße an Blanes und Lloret de Mar vorbei bis Tossa de Mar **DAUER:** Tages- oder auch Zweitagesausflug **EINKEHRTIPP:** El Xivarri, C. de la Roda 24, Palamós, Tel. 9 72 31 56 16, im Sommer tgl. 12–16, 19.30–23.30 Uhr, im Winter unregelmäßig €/€€ **AUSKUNFT:** Informationszentrum Tossa de Mar, Av. del Pelegrí 25 (Edifici Lau Nau nahe dem Busbahnhof), Tel. 9 72 34 01 08, www.tossademar.com
KARTE ▶ S. 117, d 2

Tossa de Mar mit seinen rund 4000 Einwohnern ist ein vorbildlich restaurierter Badeort mit schönem Sandstrand. Anfang des 20. Jh. erholten sich hier vor allem Künstler, Maler und Schriftsteller. Wer heute aus dem Dauerbetrieb Barcelonas flieht, um sich ein oder zwei beschauliche Tage an der Costa Brava zu gönnen, sollte möglichst zwischen Montag und Freitag nach Tossa de Mar kommen. An Sommerwochenenden sowie in den Monaten Juli und August herrscht auch hier steter Rummel.

Wirklich sehenswert ist die **Oberstadt** (Villa Vela) mit ihren wuchtigen Häusern und Türmen – ein prächtiges Beispiel mittelalterlicher Befestigungsarchitektur. Viele Bars und Restaurants haben sich in diesen Mauern niedergelassen. Ansonsten bietet der kleine Ort Tossa ein klassisches Seebad-Ambiente, das man am besten erlebt, wenn man sich einen Bummel auf der Strandpromenade gönnt. Auch ein Bad im Meer und eine Pause am Strand von Tossa können eine willkommene Abwechslung sein.

Die extrem kurvenreiche Straße von Tossa de Mar nach Sant Feliu de Guíxols zählt zu den landschaftlich schönsten Routen entlang der südlichen und mittleren Costa Brava. Sie schlängelt sich durch Korkwälder und dichtes Buschland. Immer wieder genießt man fabelhafte Blicke auf das Meer, die kleinen Felsenbuchten und die wild zerklüftete Küste. Es empfiehlt sich, hier langsam zu fahren und auch da und dort anzuhalten, um diese klassischen Costa-Brava-Blicke in vollen Zügen zu genießen.

Schließlich **Sant Feliu de Guíxols**, ein ruhiges Kleinstädtchen (17 000 Einwohner). Im 19. Jh. wurde im hiesigen Hafen der im Hinterland geerntete Kork in alle Himmelsrichtungen verschifft. Diese Branche ist heute jedoch unbedeutend. Sant Feliu wird häufiger von Touristen besucht, doch auch hier kommt selbst im Hochsommer kaum Rummel auf.

Die interessanteste Sehenswürdigkeit ist wohl das in einem Seitengebäude eines Klosters untergebrachte **Museu d'Història de la Ciutat**. Vorgestellt werden hier Originalgegenstände (Kacheln, Keramik, Glasgefäße etc.) aus der Geschichte der Ortschaft und der Umgebung, darunter auch verschiedene Werkzeuge und Instrumente zur Verarbeitung von Korkrinde zu Flaschenkorken sowie kunstgewerbliche Objekte aus Naturkork.

Weiter nordostwärts führt die Küstenstraße an den Seebädern S'Agaró und Platja d'Aro vorbei nach **Palamós**. Man bemerkt hier sogleich die Bedeutung des Fischereihafens und der entsprechenden Transportaktivitäten. Nahebei und parallel zum mehrere Kilometer langen Sandstrand haben sich – dafür ist die Ortschaft bekannt – einige Restaurants niedergelassen, die auf Meeresfrüchte und Fischgerichte spezialisiert sind. Vornehmlich wegen dieser kulinarischen Verlockungen kommen viele Urlauber heute nach Palamós.

Nicht mehr an der Küste, sondern schon im Hinterland liegt die Verwaltungs- und Einkaufsstadt **Palafrugell** (18 000 Einwohner). Kunsthistorische Stätten sind hier kaum zu bestaunen, aber dafür hat der Ort über weite Strecken seinen volkstümlichen Charakter bewahrt. In besonderem Maße zeugt davon der viel besuchte Bauernmarkt an jedem Sonntagvormittag. Er findet im Bereich der Carrer del Pi i Maragall und Umgebung statt und ist nicht zu verfehlen. Obst, Gemüse, Fleisch, vielerlei Delikatessen, auch Kleintiere und Textilien werden im Getümmel zwischen den Marktständen angepriesen. Unbedingt lohnend ist auch ein Besuch im Korkmuseum **Museu del Suro** in der Carrer de la Taronqueta 31. Zu sehen ist hier eine ausführliche und hintergründige Dokumentation zur Geschichte der Korkverwertung in der Region. Vor allem zwischen den Jahren 1897 und 1936 war der Anbau und die Verarbeitung von Korkrinde ein bedeutender Wirtschaftszweig in der Gegend von Palafrugell. Im angeschlossenen Shop können Sie diverse handwerklich gefertigte Objekte aus Kork erwerben. Von Palafrugell aus folgen Sie den Hinweisschildern nach La Bispal d'Epordà und dann weiter Richtung Provinzhauptstadt Girona (▸ S. 108). Dort erreichen Sie die Autobahn und kehren auf ihr in südlicher Richtung nach Barcelona zurück.

INFORMATIONEN

Museu d'Història de la Ciutat

C. Abadia s/n • Okt.–Mai Di–So 11–14, 16–19, Juni–Sept. Di–So 11–14, 17–20 Uhr • Eintritt frei

Museu del Suro

C. de la Taronqueta 31 • www.museu delsuro.cat • Mitte Juni–Mitte Sept. tgl. 10–14, 16–21, Mitte Sept.–Mitte Juni Di–Sa 17–20, So, Fei 10.30–13.30 Uhr • Eintritt 3 €

Dalí-Stadt Figueres

CHARAKTERISTIK: Das Dalí-Museum ist die bedeutendste Sehenswürdigkeit der Stadt. Aber auch andere Museen und eine interessante Festungsanlage zählen zu den Attraktionen von Figueres **ANFAHRT:** Die etwa 140 km nordöstl. von Barcelona gelegene Kleinstadt (ca. 35 000 Einwohner) ist zwar per Pkw auf der Autobahn Richtung französischer Grenze zu erreichen, weit bequemer ist aber eine Anreise per Zug. Ab Barcelona verkehren täglich Schnell- und Regionalzüge bis Figueres, im Spanischen Figueras genannt **DAUER:** Tagesausflug **EINKEHRTIPP:** Restaurante Antaviana, C. de Llers 7 (gegenüber dem Dalí-Museum), Tel. 9 72 51 03 77, So und Mo abends geschl. €€ **AUSKUNFT:** Touristeninformation, Plaça del Sol s/n, Tel. 9 72 50 31 55 **KARTE** ▸ S. 117, c 1

Dalí, Dalí, Dalí heißt der touristische Grundakkord in diesem Kleinstädtchen, der Metropole der Kulturlandschaft Empordà, an der nordwärts in Richtung Frankreich führenden Autobahn. Am 11. Mai 1904 wurde der berühmte surrealistische Künstler in Figueres als Sohn eines Notars geboren. Dem weltbekannten Bürger der Stadt wurde in dem ehemaligen, 1850 erbauten Theater ein Museum gewidmet, das zu den am meisten besuchten in ganz Katalonien gehört. Noch zu Lebzeiten hat Salvador Dalí den Umbau des Theaters zu einem großen Kunstmuseum selbst konzipiert und maßgeblich bestimmt. Schon das Äußere des **Teatre-Museu Dalí** weist mit diversen skurrilen Skulpturen und Dekorationen (stilisierte Brote oder riesige Eier) auf die Symbolsprache des großen Meisters. Im Innern sind auf mehreren Etagen und in großen Sälen viele der promi-

Das Teatre-Museu Dalís ist der skurrile Besuchermagnet des Landstädtchens Figueres. In der Krypta des 1974 eröffneten Museums liegt der Meister selbst begraben.

nenten Gemälde Dalís zu betrachten. Neben einem riesigen Deckenbild sowie Selbstbildnissen und Porträts seiner Ehefrau und Muse Gala sind hier auch das Werk mit den zerfließenden Uhren oder das viel bestaunte Bild mit einer erotischen Fantasie an der bizarren katalanischen Felsküste zu finden. Zudem unterstreichen Installationen und Skulpturen die exzentrische Ästhetik Dalís. Als Beispiel dafür steht im Innenhof ein leibhaftiger schwarzer Oldtimer, beherrscht von einer üppigen Frauenfigur. Zeit und Muße sollte man sich – trotz des regen Betriebs im Museum – insbesondere für die Gemälde des Meisters nehmen. Erst nach aufmerksamer Betrachtung erschließt sich die handwerkliche Meisterschaft und die symbolgeladene Formensprache des großen Sohns der Stadt. Auch ausgefallene Goldschmiedearbeiten Dalís sind hier zu sehen.

Von hier ist es zu Fuß nicht mehr weit bis zum **Spielwarenmuseum** (Museu del Joguet). Präsentiert werden rund 3500 Originalstücke; auch Spielzeug von Prominenten wie etwa Salvador Dalí, Joan Miró oder Federico García Lorca ist darunter. Ganz in der Nähe liegt das von den meisten Touristen nicht sonderlich beachtete **Museu de l'Empordá**, das viele interessante Objekte aus der Geschichte der Kulturlandschaft Empordà vorstellt. Nordwestlich des Stadtzentrums liegt die weitläufige monumentale Festungsanlage **Castell de Sant Ferran**, die Ende des 18. Jh. als Bollwerk gegen die Franzosen gebaut wurde. Auch wer sich nicht unbedingt stark für Militärgeschichte interessiert, wird das Ambiente des riesigen Bauwerks als faszinierend erleben. Zum Komplex zählt auch ein großer Gewölbekeller, in dem das Militär einst bis zu 500 Pferde bereithalten konnte.

Ganz zum Schluss lohnt es, einen Blick in das Restaurant des altehrwürdigen **Hotels Durán** (C. Lasauca 5) zu werfen. An den Wänden finden sich hier einige Bilder und Grafiken von Salvador Dalí, mit denen er einst seine Rechnungen im Durán, seinem Lieblingslokal in der Stadt, beglichen haben soll. Auch die Sammlung von antiken Kacheln ist sehenswert.

INFORMATIONEN

Teatre-Museu Dalí

Pl. Gala-Salvador Dalí, 5 • www.salvador-dali.org • März–Juni, Okt. tgl. 9.30–18, Nov.–Feb. tgl. 10.30–18, Juli–Sept. tgl. 9–20 Uhr • Eintritt 11 €

Musu del Joguet

C. Sant Pere 1 • www.mjc.cat • Juni–Sept. tgl. 10–19, So, Fei 11–18, Okt.–Mai Di–Sa 10–18, So, Fei 11–14 Uhr

Museu de l'Empordá

Rambla 2 • Di–Sa 11–19, So, Fei 10–14 Uhr • Eintritt 2 €

Castell de Sant Ferran

Tgl. 10.30–19 Uhr • Eintritt 3 €, mit Führung 15 €

Die Weinbauregion Vilafranca del Penedès

CHARAKTERISTIK: Katalonien, wie es leibt und lebt. Stets ist der Sinn für ein gepflegtes Glas Wein oder Cava als Teil der Alltagskultur spürbar **ANFAHRT:** Es empfiehlt sich – obwohl der Ort auch über die Autobahn zu erreichen ist – die Anreise mit dem Zug (ab Bahnhof Sants, Linie 4 Manresa–St. Vicenç). So können Sie sich bedenkenlos der einen oder anderen Weinprobe hingeben **DAUER:** Halbtages- oder Tagesausflug **EINKEHRTIPP:** Restaurant Cal Joanet, C. Comerç 25 (nahe der Plaça Jaume I), Tel. 9 38 90 29 84, www.caljoanet.es, Mo–Do 7.30–17, Fr 7.30–17, 20–1, Sa 12–17, 20–2 Uhr, So geschl. €€ **AUSKUNFT:** Oficina Municipal de Turisme, Cort 14, 08720 Vilafranca del Penedès, Tel. 9 38 18 12 54, turisme@ajvilafranca.es
KARTE ▸ S. 117, b 3

Vilafranca mit seinen etwa 25 000 Einwohnern gilt heute als Hauptstadt der bekanntesten Weinbauregion Kataloniens namens **L'Alt Penedès** und war bereits im Mittelalter eine bedeutende Stadt. Aus dieser Zeit haben ein stattlicher **Königspalast** (13. Jh.), die Kirche **Santa María** (15. Jh.) und einige andere Gebäudekomplexe überdauert.

Der noch nicht überlaufene Ort besitzt ein quirliges Einkaufszentrum mit Gassen, Arkaden, schönen Plätzen und Terrassencafés. Lohnend ist der Besuch von Vilafranca aber vor allem für Besucher, die sich mit der Geschichte des Weinbaus in der Region beschäftigen möchten.

Wer vor dem Genuss etwas über die Weinwirtschaft erfahren möchte, besuche das örtliche **Museu del Vi**, das sich – didaktisch sehr lebendig aufbereitet – diesem Thema widmet. Zu sehen ist eine Reihe von Originalobjekten aus der Weinkultur von der Antike bis zur Gegenwart. Angeschlossen sind auch Sammlungen zur Archäologie, Geologie und Ornithologie. Im Museum können außerdem einige Weine verkostet werden.

Die modernste und in vielerlei Hinsicht führende Bodega der Region ist das Unternehmen **Miguel Torres S. A.**, das in der Umgebung von Vilafranca eine stattliche Zahl unterschiedlicher Rebsorten anbaut und Weine in zahlreiche Länder der Erde liefert. Die große Kellerei kann nach vorheriger Anmeldung auch besichtigt werden (Kontakt: Miguel Torres S. A., Comercio 22, Tel. 9 38 17 74 00, www.migueltorres.com).

INFORMATION
Museu del Vi

Pl. Jaume, I • www.vinseum.cat • Di–Sa 10–14, 16–19, So, Fei 10–14 Uhr • Eintritt 5 €, Kinder frei

Tarragona, das katalanische Rom

CHARAKTERISTIK: Die Provinzmetropole mit der römischen Vergangenheit steht wegen der hiesigen Gemütlichkeit im krassen Gegensatz zum großen Nachbarn Barcelona **ANFAHRT:** Per Zug ab dem Bahnhof Sants (über 25 Verbindungen pro Tag; Dauer gut eine Stunde; Hin- und Rückfahrt ca. 16 €) oder per Barcelona Bus Turistic, 48 € (inkl. Museumsbesuche); Buchung in lokalen Reisebüros oder bei den Busunternehmen Sarfa und Alsa (Fahrt tgl. außer Mo 8.30 Uhr ab Pl. de Catalunya) **DAUER:** Tagesausflug **EINKEHRTIPP:** Restaurant Segle XIII, Plaça Ripoll 6, Tel. 9 77 21 43 86, tgl. 13–16.30 und ab 21 Uhr € **AUSKUNFT:** Oficina de Turismo, Fortuny 4, 43001 Tarragona, Tel. 9 77 23 34 15, 9 77 25 07 95; Oficina del Patronato, C. Major 39 (in der Altstadt), Tel. 9 77 24 19 35, www.tarragonaturisme.cat (auch in Deutsch)
KARTE ▶ S. 117, a 3 und S. 115

Tarragona war in römischer Zeit unter dem Namen »Tarraco« ein bedeutendes Wirtschafts- und Verwaltungszentrum. Von Cäsar in den Stand einer Stadt (Colonia Julia Urbs Triumphalis Tarraconensis) erhoben und von Augustus (27 v. Chr.) gar zur Kapitale der Provinz Hispania Citerior gekürt, verfügt die Hafenstadt über eine mediterrane Atmosphäre und vielerlei interessante Hinterlassenschaften aus historischer Zeit. Von Barcelona aus erreicht man Tarragona in einer guten Stunde mit dem Zug, die Fahrt führt an der Küste entlang und beschert herrliche Aussichten.

An die römische Vergangenheit erinnern hochinteressante Einzelstücke in den Museen Tarragonas sowie einige grandiose Bauwerke vor den Toren der Stadt. Sehr zu empfehlen ist ein Spaziergang durch die Altstadt, die sich – umschlossen von einer wuchtigen Mauer – als dicht ineinander gedrängtes Siedlungsensemble zu Füßen der hoch aufstrebenden Kathedrale befindet. Dunkle Arkaden, enge Gassen, Plätze, auf denen im Licht des Vormittags die Rentner flanieren, wo Kanarienvögel in den Käfigen jubilieren und Hunde im Schatten der Bäume dösen. Dazwischen immer wieder kleine Gemischtwarenläden, bei denen sich Schaufensterdekoration und Einrichtung von anno dazumal standhaft gegen jeden Modernisierungsversuch zur Wehr gesetzt haben.

Selbst auf der **Rambla Nova**, der Hauptstraße der Stadt (▶ S. 115, a 2/3), zeigt sich Tarragona bar jeder Eleganz, Prunksucht oder übertriebenen Geschäftigkeit. Von Reichtum und wirtschaftlichem Aufbruch kann hier schon seit Langem keine Rede mehr sein. Tarragona, welch ein Kontrast zu Barcelona! Als habe man sich hier unter der mediterranen Sonne vollkommen anderen Werten verschrieben: Gemächlichkeit, Gemütlichkeit und einer rechtschaffen mittelständischen Existenz ohne Streben nach Spektakeln, modischem Glanz und luxuriöser Herrlichkeit. Im Dezember 2000 wurde die Altstadt von Tarragona von der UNESCO zum Weltkulturerbe erklärt.

Das römische **Amphitheater**, in Verlängerung der Rambla Vella in der Nachbarschaft der Aussichtsplattform Balcó del Mediterrani gelegen

(▸ S. 115, b 3), wurde zu Beginn des 2. Jh. n. Chr. errichtet. Es zeigt die typisch elliptische Form und fasste bis zu 15 000 Zuschauer. Ein Teil der Sitzreihen ist in den Hügel gemeißelt, auch mehrere Eingangstore sind zu erkennen. In der Mitte des Theaters sind noch die Reste einer Basilika und einer romanischen Kirche erhalten geblieben, die im 6. und 12. Jh. aus den Steinen des Amphitheaters errichtet worden waren.

Die monumentale Bischofskirche, die **Catedral** (▸ S. 115, b 1), zu der von der Carrer Major aus eine Treppe hinaufführt, erhebt sich an der Stelle, wo sich bereits in römischer

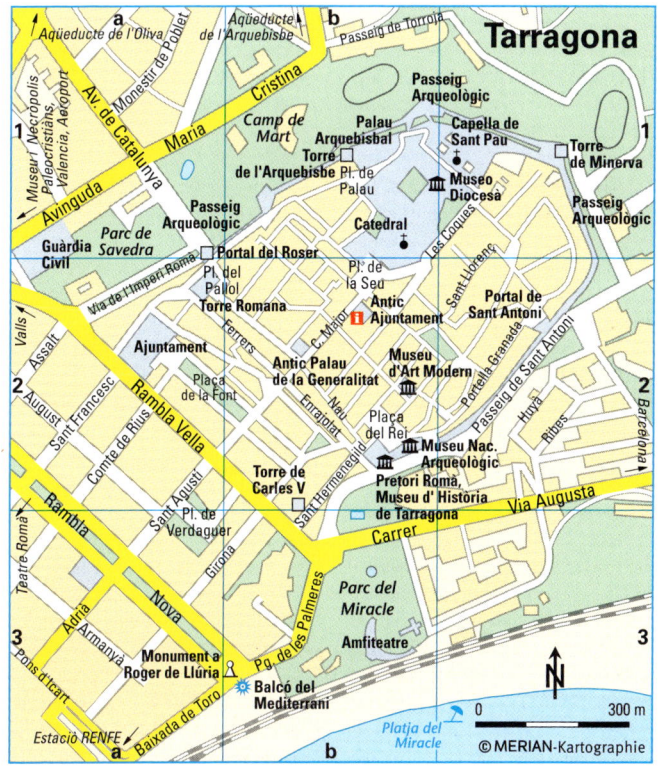

Das Portal von Tarragonas Kathedrale schmücken zahlreiche Skulpturen.

Zeit ein Jupitertempel und während der Epoche der Mauren eine Moschee befunden hat. Der Grundstein für die romanisch-gotische Kathedrale wurde im 12. Jh. gelegt, geweiht wurde sie schließlich im Jahr 1331. Die mächtige Hauptfassade zeigt vornehmlich romanische Elemente. Zu den bemerkenswertesten Kostbarkeiten im Innern gehören der Hauptaltar der Santa Tecla, der Schutzpatronin Tarragonas, mit einem von Pere Joan um 1430 aus farbig bemaltem Alabaster geschaffenen Altaraufsatz sowie das Grabmal des Erzbischofs Joan d'Aragó (14. Jh.).

Sehenswert ist auch der größtenteils aus dem frühen 13. Jh. stammende Kreuzgang, der zahlreiche aus weißem Marmor gearbeitete Kapitelle aufweist, an denen man wunderschöne Reliefs mit Fabelwesen und fantastischen Figuren, Motiven aus christlichen Legenden und Anekdoten sowie mit pflanzlichen, humoristischen und ornamentalen Strukturen erkennt. Ein Kapitell in der Süd-

galerie zeigt gar eine Prozession von Ratten, die eine tote Katze auf einer Bahre zu Grabe tragen. Dem Kreuzgang ist auch das Diözesanmuseum angeschlossen, in dem religiöse Kunstwerke und mehrere Bildteppiche katalanischer oder flämischer Herkunft besichtigt werden können.

Der **Passeig Arquelògic** (Archäologische Promenade, ▸ S. 115, ac 1) führt an der alten Stadtmauer entlang. Der Eingang liegt am nördlichen Ende der Mauer in der Nachbarschaft des Portal del Roser. Etwa 1000 m der ursprünglich 4000 m langen Befestigungsmauer sind gut erhalten. Der Verteidigungsgürtel, 12 m hoch und an einigen Stellen bis zu 6 m breit, hat ein Fundament aus iberischer Zeit (etwa 6. Jh. v.Chr.), die aufgesetzten Quadersteine des Mauerrings stammen wohl aus dem 3. Jh. v.Chr. Von der Mauer bietet sich ein interessanter Blick über die Altstadt und die Umgebung von Tarragona.

Das **Museum der Stadtgeschichte** (Museu d'Història de Tarragona, ▸ S. 115, b 2), untergebracht im Prätorium (auch Pilatus-Turm genannt), zeigt bedeutende Funde aus der Römerzeit und dem Mittelalter. Herausragend ist der 1948 im Meer gefundene Sarkophag des Hippolyt, auch diverse Mosaiken, Marmorbüsten von römischen Kaisern und verschiedene Inschriften sind sehenswert. Im Kellergeschoss ist ein langer Gang mit Tonnengewölben (Teil des römischen Circus) zu besichtigen.

Das **Archäologische Nationalmuseum** (Museu Nacional Arquelògic, ▸ S. 115, b 2) hat seinen Sitz in einem an das Prätorium angelehnten Neubau und zeigt rund 25 000 Ausstellungsstücke aus der römischen Zeit, als Tarragona noch Tarraco hieß. Zur

Sammlung zählen beeindruckende Bodenmosaiken aus römischen Villen, römische Skulpturen, Marmorsarkophage, Münzen und Altarsteine.

INFORMATIONEN
Museu d'Història de Tarragona

C. de Cavallers, 14 • Tel. 9 77 24 22 20 • www.museutgn.com • Ostern–Sept.

Di–So 9–21, So, Fei 9–15, Okt.–Ostern Di–Sa 9–19, So, Fei 10–15 Uhr

Museu Nacional Arqueològic de Tarragona

Pl. del Rei 5 • www.mnat.es • Sommer tgl. 9.30–20.30, Winter tgl. 9.30–18 Uhr • Eintritt 2,40 €

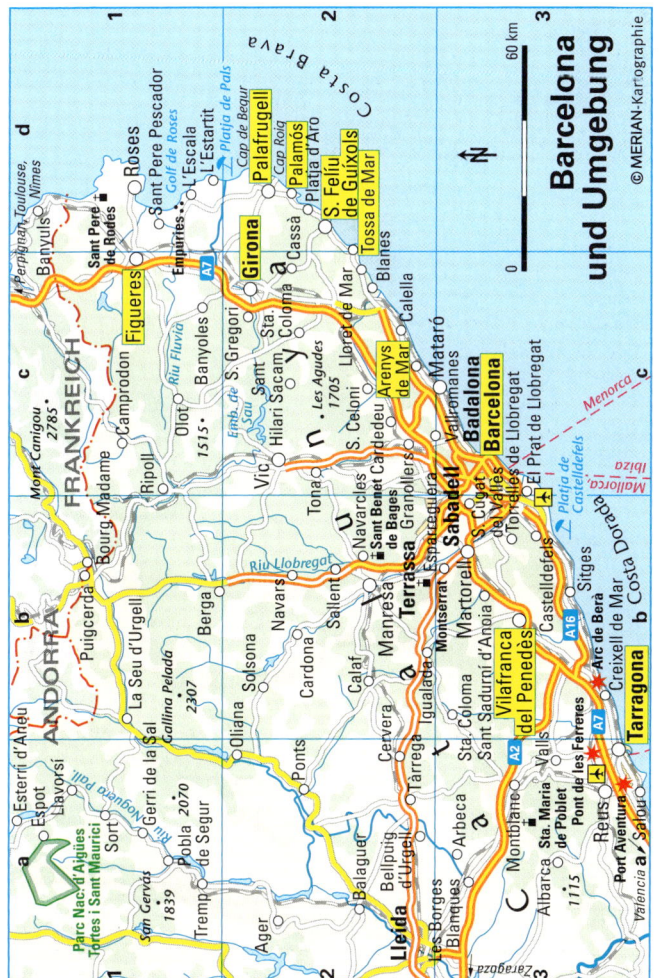

Barcelonas Hafen gehört zu den zehn
größten in Europa. Im Port Franc unterhalb des Hausberges Montjuïc landen
auch die Fähr- und Kreuzfahrtschiffe an.

Wissenswertes
über Barcelona

Nützliche Informationen für einen gelungenen
Aufenthalt: Fakten über Land, Leute und Geschichte
sowie Reisepraktisches von A bis Z.

Auf einen Blick

Mehr erfahren über Barcelona – Informationen über Land und Leute, von Bevölkerung über Politik und Sprache bis Wirtschaft.

AMTSSPRACHEN: Spanisch und Katalanisch
BEVÖLKERUNG: Neben Spaniern rund 300 000 Einwanderer, v. a. aus Südamerika und Italien
EINWOHNER: 1,7 Mio.
FLÄCHE: 99 qkm
INTERNET: www.barcelona.cat
RELIGION: 90 % römisch-katholisch, 6 % Muslime, 3 % andere
VERWALTUNG: 10 Distrikte
WÄHRUNG: Euro

Bevölkerung

Von den 6,8 Mio. Katalanen leben etwa 3 Mio. im Ballungsraum Barcelona. In der Stadt selbst wohnen etwa 1,7 Mio. Menschen. Der wirtschaftlich stark entwickelte und seit Jahrzehnten prosperierende Großraum Barcelona hat viele Arbeiter aus weniger wohlhabenden Regionen Spaniens angezogen. Viele Andalusier, Murcianos, Galicier oder Aragonesen haben ihre Heimat verlassen und leben heute in zweiter oder dritter Generation in der Metropolregion Barcelona. Dies gilt auch für viele Katalanen aus den ländlichen Regionen.

Lage und Geografie

Die Stadt liegt eingezwängt zwischen den Bergen der Serra de Collserola und dem Meer. Seitlich begrenzen die Flusstäler des Llobregat und des Besòs die Stadt. Dieses geografische Korsett setzt der Ausdehnung Barce-

◄ Kleine Köstlichkeiten, im Stehen verzehrt: Tapas-Bars gibt es an jeder Ecke.

lonas Grenzen. In Bezug auf die Bevölkerungsdichte belegt die Agglomeration Barcelona einen vorderen Platz in Europa. Das hügelige Siedlungsgelände fällt in Schwüngen zum Meer hin ab. Im Sommer kann es zu Hitzegewittern mit sintflutartigen Regenfällen kommen, die zu erheblichen Verkehrsstörungen führen.

Politik und Verwaltung

Katalonien ist eine der 17 Autonomen Regionen Spaniens und in vier Provinzen (Girona, Barcelona, Lleida, Tarragona) und 38 Landkreise (»comarques«) aufgeteilt. Auf fast 32 000 qkm leben ca. 7 Mio. Menschen. Seit 1979 ist der katalanische Autonomiestatus gesetzlich gesichert. Katalonien wird von der Generalitat regiert; diese wird von den Corts Catalans, dem Regionalparlament, gewählt. Alle katalanischen Parteien betonen die Regionalinteressen in Wirtschaft, Verwaltung, Sprache und Kultur.

Die Hauptstadt Barcelona ist in zehn Distrikte unterteilt, die über eine gewisse Autonomie – vor allem in sozialen Belangen – verfügen. Regiert wird die Metropole vom Bürgermeister und dem Stadtrat. Auch die Regierung der autonomen Region Catalunya ist in Barcelona ansässig.

Sprache

Neben dem Spanischen (»castellano«) gilt in Katalonien das Katalanische (»català«) als offizielle Amts- und Verkehrssprache. Català war während der Epoche der Franco-Diktatur streng verboten. Seit 1978 ist es wieder auf allen Ebenen eingeführt. Die Katalanen sind sehr stolz auf ihre eigene Sprache und geben ihr aus Überzeugung den Vorzug vor dem Spanischen. Geografische Angaben, Ortsnamen, behördliche Bekanntmachungen, die Öffnungszeiten von Ämtern und Museen usw. erfährt der Auslandstourist normalerweise in Spanisch und Katalanisch.

Hingegen sind Erklärungen zu einzelnen Exponaten in den kommunalen und privaten Museen Barcelonas sowie Speisekarten in den Restaurants manchmal nur in Katalanisch abgefasst, hin und wieder auch in Katalanisch, Spanisch und Englisch.

Wirtschaft

Katalonien gilt als die bedeutendste Wirtschaftsregion Spaniens. Rund 25 % des spanischen Bruttosozialprodukts werden hier erwirtschaftet. Der industrielle Ballungsraum mit Großunternehmen in den Bereichen Automobilproduktion, Textil- und Metallverarbeitung, Elektronik, Feinmechanik, Baugewerbe und chemische Industrie ist natürlich Barcelona. Größere Bedeutung hat auch der Hafen, er ist der drittgrößte Spaniens. Rund 50 % der katalanischen Bevölkerung arbeiten in der Industrie, 40 % im Dienstleistungssektor und nur 6 % in der Landwirtschaft. Letztere ist stark mechanisiert und vor allem auf die Erzeugung von Wein und Cava, Olivenöl, Gemüse, Obst, Blumen und Futtermittel spezialisiert.

Ein wichtiger Wirtschaftszweig innerhalb des Dienstleistungssektors ist der Tourismus. Er konzentriert sich auf Barcelona und die Küstenregionen. Speziell an der Costa Brava und Costa Dorada wurde eine Vielzahl von Hotels, Restaurants, Geschäften und Wassersportunternehmen aus dem Boden gestampft.

Geschichte

4. Jh. v. Chr.

Griechen gründen an der heutigen katalanischen Küste mehrere Siedlungen, darunter das heutige Empúries und Roses.

3. Jh. v. Chr. – 3. Jh. n. Chr.

Römische Herrschaft. Die Iberische Halbinsel ist in die Provinzen Hispania Ulterior und Hispania Citerior geteilt; Hauptstadt der Letzteren wird Tarragona. Gegen Ende des 1. Jh. v. Chr. entsteht die römische Kolonie Barcino, das heutige Barcelona. Die lateinische Sprache und das römische Recht finden Verbreitung.

5. Jh.

Einwanderung der Westgoten.

8. Jh.

Katalonien wird zu Beginn dieses Jahrhunderts (717) von den Mauren (Muslimen aus Nordafrika) erobert.

985

Der maurische Heerführer Almanzor erobert Barcelona. Große Teile der Stadt werden dabei zerstört.

1137

Der katalanische Graf Ramon Berenguer IV. heiratet die aragonische Thronerbin Petronila. Dadurch entsteht die katalanisch-aragonische Konföderation. Die Herrscher führen fortan die Titel Könige von Aragón und Grafen von Barcelona. Hauptstadt wird Barcelona.

1213–1276

In der Regierungszeit von Jaume I. beginnt die erfolgreiche wirtschaftliche Expansion Kataloniens.

1469

Der aragonesische Thronerbe Fernando II. heiratet die kastilische Thronerbin Isabella I.

1701–1714

Im Spanischen Erbfolgekrieg unterstützt Katalonien die Habsburger, die späteren Verlierer. 1714 ergibt sich Barcelona nach dreimonatiger Belagerung den Truppen von Felipe V., dem ersten Bourbonen auf Spaniens Thron. Der 11. Sept., Tag der Kapitulation, wird zum Nationalfeiertag.

1716

Unter der Bourbonenherrschaft verliert Katalonien die Selbstverwaltung und alle Sonderrechte zugunsten eines straff organisierten Zentralstaats.

Zweite Hälfte des 18. Jh.

1741 entsteht in Barcelona die erste neue Textilmanufaktur. In der Folge erstarkt die katalanische Baumwoll-, Woll- und Seidenindustrie. In Barcelona beschäftigt sie 1779 bereits rund 20 000 Arbeiter. Ende des 18. Jh. gibt es schon etwa 2000 Spinnereien, die etwa 100 000 Familien ernähren.

1818

Spaniens erste Postkutschenverbindung wird zwischen Barcelona und Reus eingerichtet.

1848

Die erste Eisenbahnlinie Spaniens wird eröffnet. Sie verbindet Barcelona mit Mataró.

Mitte des 19. Jh.

Barcelona wird größte Industriestadt Spaniens. Das katalanische Nationalbewusstsein erfährt ein Aufleben in der »Renaixença« (Erneuerung).

Zweite Hälfte des 19. Jh.
Wirtschaftliche Blüte. Das goldene Zeitalter des katalanischen Großbürgertums. Es findet seinen künstlerischen Ausdruck im sogenannten Modernisme, dem katalanischen Jugendstil. Der Architekt Antoni Gaudí wird zum prominentesten Baumeister des Modernisme. 1888 findet die erste Weltausstellung in Barcelona statt. 1892 wird eine Regionalverfassung (Bases de Manresa) für Katalonien verabschiedet.

1914–1925
Die vier katalanischen Provinzen schließen sich zur Mancomunitat de Catalunya zusammen und fördern die gemeinsame Infrastruktur vor allem auf kulturellem Gebiet. 1925 schafft der Diktator Primo de Rivera die Mancomunitat, die zu einer Stärkung des Katalanismus führt, ab.

1929
In Barcelona findet zum zweiten Mal die Weltausstellung statt.

1931
Am 14. April ruft Francesc Macià in Barcelona die Katalanische Republik aus, die nur wenige Tage Bestand hat. 1932 tritt ein katalanischer Autonomiestatus in Kraft.

1936–1939
Spanischer Bürgerkrieg. Ende Januar 1939 wird Barcelona von den Franco-Truppen besetzt, das Autonomiestatut außer Kraft gesetzt. Etwa eine halbe Million Katalanen sowie die katalanische Regierung fliehen ins Exil. Verbot des Katalanismus während der gesamten Ära der Franco-Diktatur.

1939–1945
Während des Zweiten Weltkrieges bleibt Spanien neutral.

1939–1975
Die Epoche der Diktatur unter dem Caudillo Francisco Franco.

1955
Spanien wird Mitglied der UNO und drei Jahre später Mitglied des Internationalen Währungsfonds.

1979
Das spanische Parlament verabschiedet ein durch eine Volksabstimmung in Katalonien bestätigtes Autonomiestatut für Katalonien.

1986
Spanien wird Mitglied der Europäischen Union.

1992
Die XXV. Olympischen Sommerspiele finden in Barcelona statt.

1999
Das durch einen Brand zerstörte Gran Teatre del Liceu wird wieder eröffnet.

2009
Barcelona erklärt das Jahr 2009 zum Cerdà-Jahr und ehrt damit den katalanischen Ingenieur und Städteplaner Ildefons Cerdà, dessen vor 150 Jahren angenommener Plan zur Stadterweiterung den Grundstein für das Eixample-Viertel legte.

2010
Papst Benedikt XVI. weiht den Hauptaltar der Sagrada Família ein.

Sprachführer Katalanisch

Wichtige Wörter und Ausdrücke

ja – si [si]

nein – no [no]

danke – gràcies [grásies]

Wie bitte? – Perdoni? [perdoni]

Ich verstehe nicht. – No l'entenc.
  [no lentenk]

Entschuldigung – Perdó [perdó]

Hallo – Hola [ola]

Guten Morgen – Bon dia [bóndia]

Guten Tag – Bon dia [bóndia]

Guten Abend – Bona tarda
  [bóna tárda]

Auf Wiedersehen – Adéu [adéu]

Ich heiße … – Em dic ... [em dík]

Ich komme aus … – Sóc de ...
  [sók de]

– Deutschland. – Alemanya.
  [alemánya]

– Österreich. – Àustria. [austria]

– der Schweiz. – Suïssa. [suisa]

Wie geht's? – Com estàs?
  [kom estás]

Danke, gut. – Bé, gràcies. [bé grasies]

wer, was, welcher – qui, què, quin
  [kí, kè, kín]

wann – quan [kuán]

wie viel – quant [kuán]

wie lange – quant dura [kuán dura]

Sprechen Sie Deutsch/Englisch? –
  Parla alemany/anglès?
  [párla alemány/anglès]

heute – avui [avúi]

morgen – demà [demà]

gestern – ahir [aí]

Zahlen

eins – un [un]

zwei – dos [dós]

drei – tres [tres]

vier – quatre [kuátre]

fünf – cinc [sínk]

sechs – sis [sís]

sieben – set [set]

acht – vuit [búit]

neun – nou [nou]

zehn – deu [deu]

einhundert – cent [sen]

eintausend – mil [míl]

Wochentage

Montag – dilluns [dillúns]

Dienstag – dimarts [dimárs]

Mittwoch – dimecres [dimékres]

Donnerstag – dijous [dijous]

Freitag – divendres [dibendres]

Samstag – dissabte [disápta]

Sonntag – diumenge [diumenxa]

Unterwegs

rechts – a la dreta [a la dreta]

links – a l'esquerra [a leskerra]

geradeaus – davant de [dabán da]

Wie weit ist es nach …? –
  A quina distància es troba ...?
  [a kína distánsia es troba]

Wie kommt man nach …? –
  Podria indicar-me com podem
  anar a ...? [pudria indikárma
  kom pudem aná a]

Wo ist … – On és ... [on és]

– die nächste Werkstatt? – la pròxima oficina? [la proksima ufisina]

– der Bahnhof? – l'estació de tren?
  [lestasió de tren]

– der Flughafen? – l'aeroport?
  [laeruport]

– die Touristeninformation? –
  l'oficina d'informació turística?
  [lufisina dinfurmasió turístika]

– die nächste Bank? – el pròxim
  banc? [el proksim bank]

– die nächste Tankstelle? –
  la pròxima benzinera?
  [la proksima benzínera]

Bitte volltanken! – Ompli'm el
  dipòsit, si us plau! [omplím el
  dipozit, si ús plau]

Super – Súper [supér]

Diesel – Diesel [diésel]

bleifrei – Sense plom [sensa plóm]

Ich möchte ein Auto/Fahrrad mieten. – Voldria llogar un cotxe/una moto [vuldria llugá un kótxa/una mótu]

Wir hatten einen Unfall. – Hem tingut un accident. [em tingút un aksidén]

Wo finde ich … – On podem trobar … [on puɗem trubá]

– einen Arzt? – un metge? [un médja]

– eine Apotheke? – una farmàcia? [una farmásia]

Eine Fahrkarte nach … bitte! – Un bitllet per anar a … si us plau! [un billet per aná a … si ús plau]

Übernachten

Ich suche ein Hotel. – Busco un hotel. [búsko un utel]

Ich suche ein Zimmer für … Personen. – Busco una habitació per a … persones. [búsku una abitasió per a … persónas]

Ich möchte ein Zimmer mit Bad. – Voldria una habitació amb banyera. [vuldria una abitasió am banyera]

Haben Sie noch Zimmer frei … – Tenen habitacions lliures … [tenen abitasións llíures]

– für eine Nacht? – per una nit? [per una nit]

– für eine Woche? – per una setmana? [per una semmána]

Ich habe ein Zimmer reserviert – Tinc una habitació reservada. [tínk una abitasió rezerbada]

Wie viel kostet das Zimmer … – Quant val una habitació … [kuán val una abitasió]

– mit Frühstück? – amb esmorzar? [am ezmurzá]

– mit Halbpension? – amb mitja pensió? [am mitxá pensió]

Ich nehme das Zimmer. – Em quedo l'habitació. [em kedú labitasió]

Kann ich mit Kreditkarte zahlen? – Puc pagar amb targeta de crèdit? [púk pagá am targeta de kredit]

Ich möchte mich beschweren. – Voldria fer una reclamació. [vuldria fé una reklamasió]

funktioniert nicht – no funciona [no funsiona]

Essen und Trinken

Die Speisekarte bitte! – La carta, si us plau! [la karta, si ús plau]

Die Rechnung bitte! – El compte, si us plau! [el komta, si ús plau]

Ich hätte gern … – Prendré … [prendré]

Kellner/-in – Cambrer/a [kambrér/a]

Frühstück – Esmorzar [ezmurzá]

Mittagessen – Dinar [diná]

Abendessen – Sopar [supá]

Ich möchte kein(en) Fleisch/Fisch. – No vull carn/peix [no vui karn/péix]

Einkaufen

Wo gibt es …? – On puc comprar …? [on púk cumprá]

Haben Sie …? – Tenen …? [ténen]

Wie viel kostet …? – Quant val …? [kuán val]

Das ist zu teuer. – És massa car. [és mása kár]

Ich nehme es. – M'ho quedo. [mu kédu]

geöffnet/geschlossen – obert/tancat [ubert/tankat]

Bäckerei – Forn de pa [fórn de pá]

Kaufhaus – Grans magatzems [gráns magadsems]

Markt – Mercat [merkát]

Metzgerei – Carnisseria [karnisaría]

Kulinarisches Lexikon

SPANISCH-DEUTSCH

A
aceite – Öl
– de oliva – Olivenöl
aceitunas – Oliven
agua – Wasser
– con (sin) gas – Wasser mit (ohne) Kohlensäure
– mineral – Mineralwasser
– natural – Leitungswasser
aguardiente – Schnaps
ahumado – geräuchert
ajo – Knoblauch
albóndigas – Fleischklößchen
alcachofas – Artischocken
almejas – Venusmuscheln
almendra – Mandel
anchoas – Anchovis
apio – Sellerie
arroz – Reis
asado – Braten
atún – Thunfisch
avellanas – Haselnüsse
ave – Geflügel
azúcar – Zucker

B
bacalao – Stockfisch
batatas – süße Kartoffeln
bebida – Getränk
– sin alcohol – alkoholfrei
bistec – Beefsteak
bizcochos – Gebäck aus Honig, Mehl und Kokosraspeln
bocadillo – belegtes Brot
boquerón – Sardelle
bonito – Bonito (weißer Thunfisch)
buey – Rind, Ochse

C
cabrito en adobo – eingelegtes, gebratenes Fleisch junger Ziegen
café con leche – Kaffee mit viel Milch
– americano – großer schwarzer Kaffee
– cortado – Kaffee mit wenig Milch
– solo – kleiner schwarzer Kaffee
calabaza – Kürbis
calamar – Tintenfisch
calçots – junge Frühlingszwiebeln
caldo – Fleischbrühe
callos a la madrileña – Kutteln mit Kalbfleisch und Paprikawurst in würziger Sauce
carne – Fleisch
carnero – Hammelfleisch
caza – Wild
cazuela – Eintopf
cebollas – Zwiebeln
cerdo – Schweinefleisch
cerezas – Kirschen
cerveza – Bier
chocolate con churros – heiße Trinkschokolade mit krapfenähnlichem Gebäck
chorizo – Paprikawurst
chuleta – Kotelett
ciruelas – Pflaumen
– amarillas – Mirabellen
cocido – Fleischeintopf mit Gemüse und Kichererbsen
col – Kohl
coliflor – Blumenkohl
colinabo bzw. nabo – Kohlrabi
conejo – Kaninchen
consomé – Kraftbrühe
crema – Creme, Cremesuppe
copa – Schnapsglas
crudo – roh
crustáceos – Schalentiere (Meeresfrüchte)

D
dátiles – Datteln
desayuno – Frühstück
diente de ajo – Knoblauchzehe
dulces – Süßigkeiten

E
embutido – Wurst
empanada – Teigtasche
entremeses – gemischte Vorspeisen
ensalada – Salat
escalope – Schnitzel
espárragos – Spargel
espinaca – Spinat
estofado – Schmorbraten

F
fideos – Fadennudeln
flan – Karamellcreme
fresa – Erdbeere
frito – gebacken
frutas del mar – Meeresfrüchte
frutas – Obst

G
gallina – Huhn
gambas – Krabben
garbanzos – Kichererbsen
gazpacho – kalte Gemüsesuppe
guisado – Gulasch, Schmorfleisch
guisantes – Erbsen

H
helado – Speiseeis
hierbas aromáticas – Würzkräuter
hígado – Leber
higo – Feige
hongos – Pilze
horchata – Mandelmilch
huevo – Ei
– al plato frito – Spiegelei
– revuelto – Rührei

J
jabalí – Wildschwein
jamón – Schinken
– de York bzw. dulce – gekochter
  Schinken
– Iberico – Schinken vom
  Iberischen Schwein
– serrano oder curado –
  luftgetrockneter Schinken

judías – Bohnen
– con chorizo – mit Paprikawurst
– secas – weiße Bohnen
jugo – Saft, Brühe

L
leche – Milch
legumbres – Gemüse, Hülsenfrucht
lengua – Zunge
lenguado – Seezunge
lentejas – Linsen
liebre – Hase
lomo – Rückenstück
  (zumeist vom Schwein)
lubina – Wolfsbarsch

M
macedonia de frutas – Obstsalat
mantequilla – Butter
manzana – Apfel
mariscos – Meeresfrüchte
mejillones – Miesmuscheln
melocotón – Pfirsich
menta – (Pfeffer-)Minze
merluza – Seehecht
mermelada – Marmelade
mero – Zackenbarsch
miel – Honig

N
naranja – Apfelsine
nata batida – Schlagsahne
natillas – Cremespeise
nueces – Walnüsse

O
olla – gekochter Eintopf
ostra – Auster

P
paella – Reisgericht
pan – Brot
– integral – Vollkornbrot
– negro – Schwarzbrot
– tostada – Toastbrot
pastas – Gebäck

pastelería – Konditorei
patatas – Kartoffeln
– bravas – Bratkartoffeln (pikant)
– cocidas – Salzkartoffeln
– fritas – Pommes frites
pato – Ente
pavo – Puter
pecho – Brust
pepinos – Gurken
pera – Birne
pescadería – Fischgeschäft
pescado – Fischgericht
picadillo – Hackfleisch
pimienta – Pfeffer
pimiento – Paprikaschote
piña – Ananas
platija – Flunder
platos de carne – Fleischgerichte
– de pescado – Fischgerichte
pollo – Hähnchen, Huhn
postre – Nachtisch
potaje – Gemüsesuppe
pulpitos – kleine Tintenfische
pulpo – Krake

Q
queso – Käse
– blanco – Schafs-, Ziegenkäse
– fresco – Frischkäse

R
rabo de buey – Ochsenschwanz
rape – Seeteufel
requesón – Quark, Frischkäse
rodaballo – Steinbutt
rollo – Roulade
rosbif – Roastbeef

S
salchichas – Würstchen
salmón – Lachs
salmonete – Meerbarbe
sandía – Wassermelone
sangría – kalte Bowle aus Rotwein,
  Wasser, Zucker, Früchten
setas – Speisepilze

sopa – Suppe
sorbete – Fruchteis

T
tapa – Appetithappen
tarta – gefüllte Torte
ternera – Kalb
tocino – Speck
torta – Kuchen
tortilla francesa – Omelett mit Eiern
– española – Omelett mit Kartoffeln
trucha – Forelle
turrón – Mandelkonfekt

U
uvas – Weintrauben

V
vaso – Glas
verduras – Gemüse, Salate
vieira – Jakobsmuschel
vinagre – Essig
vino – Wein
– blanco – Weißwein
– de mesa – Tischwein
– del país – Landwein
– rosado – Roséwein
– tinto – Rotwein

Z
zanahorias – Mohrrüben
zarzuela de pescado – eine Art
  Bouillabaisse
zumo (de frutas) – Fruchtsaft

KATALANISCH-DEUTSCH

A
aigua – Wasser
aigua mineral – Mineralwasser
ail – Knoblauch
allioli – Knoblauch-Mayonnaise
amanida – Salat
ametlla – Mandel
ampolla – Flasche
arros – Reis
aus – Geflügel

B
bacalla – Kabeljau
beure – trinken
botiga – Lebensmittelgeschäft
bou – Rindfleisch
butifarra – gefüllte Bratwurst

C
caça – Wildbret
cargols – Schnecken
carn de bou – Rindfleisch
carn de porc – Schweinefleisch
carn de vedella – Kalbfleisch
carta, menu – Speisekarte
carxofa – Artischocke
cava – Schaumwein
cebes – Zwiebeln
cloises – besondere Muschelsorte
conill rostit – Kaninchenbraten
crema catalana – Cremespeise mit
   Karamellkruste

D
dinar – Mittagessen

E
escalivada – eingelegte Paprikaschoten mit Auberginen und Zwiebeln
escalopa – Schnitzel
esdeuni – Frühstück
esmorzar – Mittagessen
esqueixada – eingelegtes Paprika-
   gemüse mit Tomaten, Zwiebeln,
   Oliven und Stockfisch; wird kalt
   serviert

F
fetge – Leber
formatge – Käse
forn – Bäckerei
fuet – Hartwurst

I
llagosta – Languste
llenguado – Seezunge
llet – Milch

M
mantega – Butter
mariscos – Meeresfrüchte
mató – Quark
mongetes – Bohnen

O
oli – Öl
ostres – Austern
ous – Eier

P
pa – Brot
pa amb tomàquet – frisches Weißbrot, mit Olivenöl getränkt und
   mit Tomatenstücken sowie einer
   Knoblauchzehe eingerieben
pasta – Nudeln
pastanagues – Möhren
patates – Kartoffeln
pebrotes – Gemüsepaprika
pernil – Schinken
porc rostit – Schweinebraten
postres – Nachspeise
pèsols – Erbsen
peix – Fisch

R
romesco – katalanische Würzsauce

S
salchichón – salamiartige Wurst
samfaina – pikante Gemüsesauce
sobrasada – Paprikastreichwurst
sucre – Zucker

T
tonyina – Thunfisch

V
verdura – Gemüse
vi blanc – Weißwein
vi negre – Rotwein

X
xai – Lamm

Reisepraktisches von A–Z

ANREISE

MIT DEM AUTO

Die Anreise aus Deutschland erfolgt durch Ostfrankreich Richtung Lyon, weiter geht es über Orange, Montpellier, Perpignan, die französisch-spanische Grenze bei La Jonquera, dann noch 160 km weiter südwärts bis Barcelona. Schweizer und Südwestdeutsche fahren über Basel (oder Zürich) nach Bern und Genf, dann weiter über die französische Autobahn (Lyon) bis La Jonquera. Für Bayern und Österreicher kann unter Umständen die Anreise über Norditalien günstiger sein. Die Autobahnen in Frankreich und Katalonien sind hervorragend ausgebaut, es werden aber ziemlich hohe Autobahngebühren erhoben.

Für eine Autofahrt von Frankfurt nach Barcelona sollte man zwei Tage einkalkulieren. Die Tour mit dem eigenen Wagen in die Innenstadt Barcelonas gerät gerade im morgendlichen und abendlichen Berufsverkehr leicht zu einer Nervenstrapaze, der man sich nicht ohne Not aussetzen sollte. Wer unbedingt mit dem Auto hinein ins Zentrum muss, studiere vorher die Route sehr genau und bedenke, dass einige Hinweisschilder in katalanischer Sprache beschriftet sind. Weitaus bequemer ist es, das Auto möglichst sicher außerhalb der Stadt zu parken und mit der Metro oder der S-Bahn ins Zentrum zu fahren.

MIT DEM BUS

Mehrere Unternehmen bieten Busreisen ab Deutschland an die Costa Brava oder nach Barcelona an. Derartige Busreisen sind relativ billig, aber auch mit enormen Unbequemlichkeiten verbunden. Eine Fahrt mit dem Europabus beispielsweise von Frankfurt nach Barcelona dauert mindestens 20 Stunden. Endstation in der katalanischen Hauptstadt ist der Busbahnhof neben dem Bahnhof Sants (Metro-Anschluss).

Buchung und Information bei der Deutsche Touring GmbH (Am Römerhof 17, 60486 Frankfurt; Tel. 0 69/7 90 32 42). Buchung in Barcelona bei Eurolines (Estació de Sants); Tel. 9 34 90 40 00 und 9 33 42 51 80.

MIT DEM FLUGZEUG

Die spanische Fluglinie IBERIA sowie die Lufthansa unterhalten täglich ab deutschen Flughäfen Direktflüge nach Barcelona. Preislich besonders günstig sind spezielle Wochenendarrangements. Zudem wird Barcelona inzwischen von verschiedenen Low-Cost-Fluggesellschaften wie beispielsweise Easyjet (www.easyjet.com), Air Berlin (www.airberlin.com), Tuifly (www.tuifly.com), Ryanair (www.ryanair.com), Clickair (www.clickair.com) oder Germanwings (www.germanwings.com) angeflogen.

Eine Anreise per Flugzeug empfiehlt sich v. a. für jene, die wenig Zeit mitbringen und Barcelona im Rahmen eines Kurzurlaubs erleben wollen. Wochenendarrangements, Kulturreisen oder Kurz-Trips nach Barcelona bietet: IBERO TOURS (Immermannstr. 23, 40210 Düsseldorf; Tel. 02 11/8 64 15 20; www.iberotours.de). Der moderne, 2009 erweiterte Flughafen Barcelona El Prat liegt südwestlich der Stadt, rund 20 Autominuten vom Zentrum entfernt. Dorthin gelangt man für rund 30 € per

Taxi oder für 5,05 € (8,75 € hin und zurück) mit dem Aerobus. Er verbindet von 6 bis 24 Uhr alle 20 Minuten den Flughafen mit der Plaça de Catalunya (Metro-Anschluss) im Stadtzentrum. Die Fahrt mit dem behindertengerecht eingerichteten Bus dauert rund 30 Minuten (Info-Tel. 9 34 15 60 20, unter der allgemeinen Servicenummer für die öffentlichen Verkehrsmittel 010 bzw. unter www.tmb.net). Achtung: Der Terminal T 2 und der im Juni 2009 eingeweihte Terminal T 1 liegen recht weit auseinander. Versichern Sie sich vor Ihrem Rückflug unbedingt, ob Sie von T 1 oder T 2 abfliegen. Wenn Sie sich zum falschen Terminal begeben, verlieren Sie viel kostbare Zeit.

Auf www.atmosfair.de und www.myclimate.org kann jeder Reisende durch eine Spende für Klimaschutzprojekte für die CO_2-Emission seines Fluges aufkommen.

MIT DEM ZUG

Die Anreise nach Barcelona per Zug ist ausgesprochen umständlich und langwierig. Durchgehende Züge gibt es derzeit nur während der Sommermonate ab Paris, Zürich und Mailand, nicht aber ab deutschen Städten. Die Bahnfahrt von Deutschland über Paris oder Zürich nach Barcelona dauert mindestens 14 Std. Bei manchen Zügen (außer dem Talgo) muss man an der spanischen Grenze umsteigen. Ankunft in Barcelona erhält man an der Estació de Sants.

ARTICKET

Mit dem Articket erhalten Sie freien Eintritt in die sieben bedeutendsten Museen Barcelonas (CCCB, Fundació Antoni Tàpies, Fundació Caixa Catalunya, Fundació Joan Miró, MNAC, MACBA und Museu Picasso). Es ist 6 Monate lang gültig und kostet 20,90 €. Erhältlich ist das Ticket unter http://bcnshop.barcelona turisme.com (mit 10 % Rabatt), in den genannten Museen und bei Barcelona Turisme an der Plaça de Catalunya (▸ S. 131).

AUSKUNFT

IN DEUTSCHLAND, ÖSTERREICH UND DER SCHWEIZ

Turespaña

– Kurfürstendamm 63, 10707 Berlin • Tel. 01 80/3 00 26 47 • www.spain. info/de/tourspain

– Walfischgasse 8, 1010 Wien • Tel. 08 10/24 24 08 • www.spain. info/at/tourspain

– Seefeldstr. 19, 8008 Zürich • Tel. 0 44/2 53 60 50 • www.spain. info/ch/tourspain

IN BARCELONA

Barcelona Turisme

www.barcelonaturisme.com

– Ciutat Vella • Plaça de Catalunya 17 • Metro: Catalunya • Tel. 9 32 85 38 34 • tgl. 9–21 Uhr   ▸ S. 146, B 16

– Sants-Montjuïc • Estació de Sants (Bahnhof), Pl. dels Països Catalans s/n • Mo–Fr 8–20, Sa, So 8–14 Uhr
▸ S. 145, D 11

– Aeroport del Prat, Terminal A und B • tgl. 9–21 Uhr   ▸ S. 115, b 3

BARCELONA CARD

Wer mehrere Tage in der Stadt verbringt und sich viele Sehenswürdigkeiten und Museen anschauen will, profitiert von der Barcelona Card in jedem Fall. Sie gewährt freien bzw. reduzierten Eintritt in zahlreiche Sehenswürdigkeiten und Museen sowie Vergünstigungen in bestimmten Geschäften, Restaurants, Bars, Jugendstil-Gebäuden, Parkhäusern und Unterhaltungszentren. Außerdem ermöglicht sie die kostenlose Nutzung öffentlicher Verkehrsmittel.

Die Barcelona Card kostet zwischen 26 € (1 Tag) und 42 € (5 Tage), Kinder zahlen zwischen 22 € und 33 €. Erhältlich ist die Karte unter http://bcnshop.barcelonaturisme.com (mit 10 % Rabatt) und bei Barcelona Turisme (▸ S. 131).

BUCHTIPPS

Merten Worthmann: Gebrauchsanweisung für Barcelona (Piper Verlag, 2006) Auf ebenso amüsante wie hintergründige Weise werden die Besonderheiten der katalanischen Metropole und ihrer Einwohner vorgestellt. Das humorvoll geschriebene Buch beleuchtet die Lebensart sowie die Vorlieben der Katalanen.

Manuel Vázquez Montalban: Die Einsamkeit des Managers (Piper Verlag, 2001) Dieses Werk des 2003 verstorbenen Autors ist nur auf den ersten Blick ein Kriminalroman. Der Leser erfährt viel Hintergründiges über die Vorlieben, Interessen, Stärken und Schwächen der Bevölkerung Barcelonas. Ein spannendes Gesellschaftsbild der Metropole.

Carlos Ruis Zafón: Der Schatten des Windes (Suhrkamp Taschenbuch, 2005) Der Leser nimmt teil an der abenteuerlichen Suche eines jungen Mannes nach einem geheimnisvollen Buch im Barcelona der Franco-Zeit.

Peter Abegg und Jürgen Enders: Kataloniens Weine (Verlag Hispa-Guide, 2007) Die beiden Autoren befassen sich mit Weinen bzw. Cavas der Region und geben einen aktuellen, fundierten Überblick mit nützlichen Kontaktadressen und hintergründigen Erläuterungen.

DIPLOMATISCHE VERTRETUNGEN

Generalkonsulat Deutschlands ▸ S. 146, B 14

Eixample • Edificio Europa, 11. Etage, Pg. de Gràcia 111/Ecke Diagonal, 08008 Barcelona • Tel. 9 32 92 10 00 • www.barcelona.diplo.de • Mo–Fr 8.30–11.30 Uhr

Honorarkonsulat Österreichs ▸ S. 146, A 13

Gràcia • C. de Marià Cubi 7, 08006 Barcelona • Tel. 9 34 15 16 25 • Mo, Mi, Fr 10–12 Uhr

Generalkonsulat der Schweiz ▸ S. 140, C 4

Sarrià-Sant Gervasi • Gran Via de Carlos III 94, 08028 Barcelona • Tel. 9 34 09 06 50 • Mo–Fr 9.30–12.30 Uhr

FEIERTAGE

1. Jan. Cap d'Any (Neujahr)
6. Jan. Día de Reis (Heilige Drei Könige)
Viernes Santo (Karfreitag)
Lunes de Pascua (Ostermontag)
23. April Sant Jordi
1. Mai Día del Trebal (Tag der Arbeit)
Lunes de Pascua Granada (Pfingstmontag)
24. Juni Sant Joan
15. Aug. L'Assumpció (Mariä Himmelfahrt)
11. Sept. La Diada (katalanischer Nationalfeiertag)
24. Sept. La Mercé (Stadtfest)
12. Okt. Día de la Hispanidad (Tag der Entdeckung Amerikas)
1. Nov. Día de Tots Sant (Allerheiligen)
6. Dez. Tag der Verfassung
8. Dez. Día de la Immaculada (Unbefleckte Empfängnis)
25./26. Dez. Nadal (Weihnachten)

Erlebe das Besondere
mit MERIAN *live!*

MERIAN
Die Lust am Reisen

GELD

An den Geldautomaten der Banken (»cajeros automáticos«) erhält man mit der EC- oder Kreditkarte bequem Bargeld. Banken sind meist nur vormittags geöffnet. Gängige **Kreditkarten** (Amex, Diners, Master, Visa) werden in fast allen gehobenen Hotels, Lokalen und Läden akzeptiert.

INTERNET

www.barcelonaturisme.com
Offizielle Seite der Tourismus-Behörde. Praktisch, aktuell, zuverlässig; mit Hotelbuchungen (auch Englisch).
www.bcn-guide.com
Touristischer Führer zu diversen Themen (auch in Englisch).
www.barcelona.es
Offizielle Web-Adresse der Stadt. Komplexe, vielfältige Infos (auch Englisch).
www.tmb.net
Website der öffentlichen Verkehrsbetriebe (mit Metroplan).
www.barcelona-online.es
Online-Informationen und -kontakte für Touristen, auch in Deutsch.
www.barcelona-stadtgaenge.de
Verschiedene geführte Spaziergänge durch die Stadt; auf Deutsch.
www.tapastoursbarcelona.com
Organisierter Rundgang zu empfehlenswerten Bars und Tapa-Lokalen. Auch in Deutsch.
www.apartmentsbcn.net
Anbieter von Apartments im Stadtzentrum Barcelonas.

KLEIDUNG

Im Sommer empfiehlt sich die Mitnahme von luftiger Kleidung und leichten, bequemen Schuhen. Im Herbst und Frühling kann es bisweilen regnerisch werden. Dann ist es ratsam, Schal, warme Kleidung und Regenschutz mit im Gepäck zu haben.

NEBENKOSTEN

1 Tasse Kaffee	1,10 €
1 Bier (0,33 l)	1,70 €
1 Cola	2,00 €
1 Schachtel Zigaretten	3,70 €
1 Liter Benzin	1,30 €
Metro-Fahrschein (Einzelfahrt)	1,45 €
Mietwagen/Tag	ab 50,00 €

MEDIZINISCHE VERSORGUNG
KRANKENVERSICHERUNG

Die Vorlage einer Europäischen Krankenversicherungskarte (EHIC) ist ausreichend. Als zusätzlicher Versicherungsschutz empfiehlt sich der Abschluss einer Auslandskrankenversicherung, da diese Krankenrücktransporte mitversichert.

KRANKENHAUS
Hospital de la Creu Roja

▸ S. 147, F 14

El Guinardó • C. dos de Maig 301 • Metro: Hospital de Sant Pau (d 2) • Tel. 9 35 07 27 00

APOTHEKEN

Apotheken sind Mo–Fr 9–13 und 16–20, Sa von 9–13.30 Uhr geöffnet.

Farmacía Internacional

▸ Klappe hinten, d 1

Eixample • C. Consell de Cent 312 (Ecke Pg. de Gràcia) • Metro: Passeig de Gràcia (c 2) • Tel. 9 34 47 80 94 • www.farmacia-internacional.net

NOTRUF

Euronotruf Tel. 1 12 (Polizei, Feuerwehr, Rettungsdienst)

POST

Auf Spanisch heißt Post »correos«. Das Hauptpostamt liegt an der Plaça d'Antoni López/Via Laietana (Mo–Fr 9–21, Sa 9–14 Uhr); es ist u. a. zuständig für Postlager-, Postgiro-, Paket-, Telegramm-, Fax- und Telexdienste.

REISEDOKUMENTE

Deutsche, Österreicher und Schweizer können mit einem gültigen Reisepass oder Personalausweis (Identitätskarte) einreisen. Kinder unter 16 Jahren müssen im Pass eines Elternteils eingetragen sein oder benötigen einen Kinderausweis.

REISEKNIGGE

In Badekleidung oder mit Unterhemd und Hosenträgern durch Barcelona zu schlendern gilt als unzivilisiert und wird bestenfalls auf den Ramblas geduldet. Kleidung darf extrem modisch, sogar spleenig ausfallen, sollte aber stets sauber und kultiviert sein. Huhn und Meeresfrüchte dürfen mit den Fingern gegessen werden. Nur in edlen Lokalen verzehrt man diese Delikatessen mit dem Besteck. Setzt man sich zu den üblichen Essenszeiten, wird davon ausgegangen, dass man auch ein Gericht bestellt. Wer nur trinken will, bleibt am Tresen der Bar. Der typisch katalanische Volkstanz Sardana darf mitgetanzt werden, auch wenn man die Schrittabfolge

nicht so ganz beherrscht. Das Mittanzen sollte aber keinesfalls als ausgelassenes Vergnügen oder beschwingte Albernheit verstanden werden.

Das Handeln sollten Sie im Geschäft besser lassen. Es wird nicht gern gesehen, wenn ein Kunde um den Preis feilschen will. Gibt es Preisnachlässe, sind sie angegeben, ansonsten gilt grundsätzlich der angezeigte Betrag.

REISEZEIT

Wegen der Hitze und der Ferienzeit ist der August der ungünstigste Zeitpunkt, die Stadt zu genießen. Das Kultur- und Konzertangebot ist dann sehr eingeschränkt. Die meisten Museen sind nicht klimatisiert, und die Tageshitze macht viele Spaziergänge und Ausflüge schnell zur Strapaze.

STADTRUNDFAHRTEN
Bus Turístic

TMB, die Verkehrsgesellschaft der Stadt, bietet den »Bus Turístic« an, der auf drei Routen zahlreiche interessante Ziele anfährt, wobei das Ein- und Aussteigen jederzeit möglich ist. Das Tagesticket kostet 21 €, das Ticket für zwei Tage 27 €. Zusätzlich bekommen Sie Ermäßigungen auf die Eintrittspreise vieler Attraktionen. Weitere Infos: www.tmb.cat.

Mittelwerte	JAN	FEB	MÄR	APR	MAI	JUN	JUL	AUG	SEP	OKT	NOV	DEZ
Tagestemperatur	13	14	16	18	21	25	28	28	25	21	16	13
Nachttemperatur	6	7	9	11	14	18	21	21	19	15	11	8
Sonnenstunden	4	5	6	7	8	9	10	8	6	6	5	5
Regentage pro Monat	5	5	8	9	8	6	4	6	7	9	6	6
Wassertemperatur	13	12	13	14	16	19	22	24	22	20	16	14

Tramvia Blau

Die Tramvia ist eine betagte Straßenbahn, die die Plaça John F. Kennedy mit dem Tibidabo verbindet und dabei durch ein elegantes Villenviertel fährt. Tickets (2,80 €, hin und zurück 4,20 €) gibt es direkt in der Bahn.

Rundflüge und Scooter-Fahrten

Helikopterflüge bietet das Unternehmen Helipistas an. Informationen unter www.barcelonaturisme.com. Verleih von Motorrollern (Scooter) mit Zubehör: Cooltra Motos S.L.; Tel. 9 32 24 12 23; info@cooltra.com.

Sightjogging

Der Deutsche Arnd Krüger begleitet Touristen beim Joggen und betätigt sich dabei als Stadtführer. Acht Touren zwischen 8,5 km und 15 km stehen zur Auswahl. Pro Stunde werden 70 € erhoben, 90 Min. kosten 100 €. www.sightjogging-barcelona.de

TELEFON

VORWAHLEN

D, A, CH ▸ Spanien 00 34
Spanien ▸ D 00 49
Spanien ▸ A 00 43
Spanien ▸ CH 00 41

Telefonieren im Hotel ist bisweilen ziemlich teuer. Preiswerter telefoniert man aus Münzfernsprechern oder »locutoris«. In diesen Telefonzentralen bezahlt man nach Ende des Gesprächs an der Kasse. Locutoris gibt es etwa an der Estació de Sants (Eingangshalle, bis 22.45 Uhr) oder an der Plaça de Catalunya/Fontanella 2 (Mo–Sa bis 21 Uhr). Spätabends und an Wochenenden gelten verbilligte Tarife. Telefonkarten (»tarjetas telefónicas«) kosten 6, 12 oder 15 €. Es gibt sie bei der Post oder an Kiosken.

Innerhalb Spaniens gibt es keine Vorwahlen mehr; die bisherige Provinzvorwahl 93 für Katalonien ist nun Bestandteil der Telefonnummer und muss immer mitgewählt werden. Spanische Mobil-Telefonnummern beginnen in der Regel mit der Ziffer 6. »Móvil« nennt man das Mobiltelefon auf Spanisch.

TRINKGELD

»Propina« lautet die spanische Bezeichnung. Für zufriedenstellende Leistungen im Restaurant oder Hotel, bei Taxifahrten, geführten Exkursionen sowie an Gepäckträger gibt man ca. 5–10 % des Gesamtbetrages.

VERKEHR

AUTO

Die Benutzung eines Autos im Zentrum der Millionenstadt strapaziert die Nerven und kann die Urlaubsstimmung erheblich beeinträchtigen. Die Ausfallstraßen sind zwar mehrspurig und modern ausgebaut, die Verkehrsdichte ist jedoch in den Stoßzeiten morgens und abends nach Büroschluss extrem hoch. Bei Fahrten durch die Innenstadt ist ein Stadtplan unerlässlich. Die Anzahl der Parkflächen ist unzureichend, die Nutzung von Parkhäusern teuer.

FAHRRAD

Das teilweise gebirgige Gelände, vor allem aber das völlig von Autos, Motorrädern und Mofas dominierte Verkehrssystem machen Barcelona für Touristen alles andere als fahrradfreundlich. Für einen Urlaub an der Costa Brava hingegen eignet sich das Fahrrad gut, örtlich ist jedoch mit schwierigem Gelände zu rechnen. Geeignet für eine Fahrradtour in Barcelona ist beispielsweise die

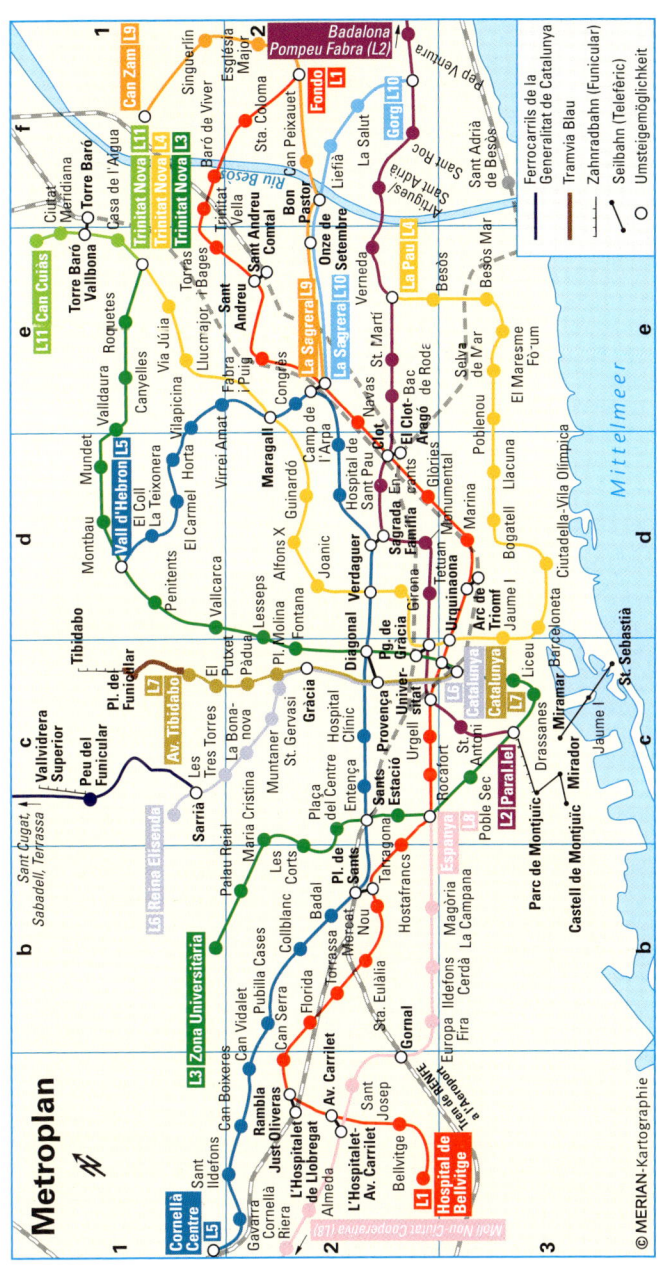

Metroplan

Strandpromenade ab Barceloneta am Strand stadtauswärts oder der Ciutadella-Park. Fahrradverleih bei **Icaria Sports**, Av. Icaria 180; Tel. 9 32 21 17 28. Gut organisierte Fahrradtouren durch Barcelona bietet **Fat Tire Bike Tours** (C. Escudellers 48; Tel. 9 33 01 36 12; www.fattirebiketours barcelona.com).

MIETWAGEN

Die größte Auswahl gibt es am Flughafen, z. B. **Avis** (Tel. 9 32 98 36 00), **Europcar** (Tel. 9 32 98 33 00), **Hertz** (Tel. 9 32 98 36 36). Ratsam ist der Abschluss einer Vollkasko-Versicherung, zudem sollte man die Bedingungen im Leihvertrag genau prüfen. Günstiger Anbieter: www.pepecar.com.

ÖFFENTLICHE VERKEHRSMITTEL

In Barcelona gibt es mehrere Metro- und Buslinien, vier Zahnradbahnen und eine Seilbahn. Die Stadt lässt sich auf diese Weise schnell und günstig entdecken. Eine Einzelfahrt im Zentrum kostet 1,40 €, eine Zehnerkarte 7,85 € und eine Tageskarte 5,40 €. Darüber hinaus gibt es Zweitages- (11,20 €), Dreitages- (15,90 €) und Viertageskarten (20,40 €).
Bequem, schnell und billig kommt man insbesondere mit der **Metro** voran. Sie ist allerdings nicht gerade kinderwagen- und behindertenfreundlich; oft sind viele Stufen zu überwinden, und Aufzüge gibt es nur wenige. Die Metro verkehrt unter der Woche von 5 bis 24, am Wochenende von 5 bis 2 Uhr. Während der Pause in der Nacht fahren spezielle **Nachtbusse** (»Nit Bus«).
Daneben gibt es einen speziellen **Shoppingbus** (»Tombbus«), der die wichtigsten Einkaufsstraßen miteinander verbindet und zwischen der Plaça Catalunya und der Plaça Pius XII verkehrt. Das einfache Ticket kostet 1,50 €, das »T-Shopping« genannte Tagesticket 5,20 €.
Die **Standseilbahn** zum Montjuïc (»Telèferic de Montjuïc«) kostet derzeit 9 € (hin und zurück).
Auskünfte zu Preisen und Fahrplänen erhalten Sie bei der Verkehrsgesellschaft TMB, Tel. 9 33 18 70 74 oder unter www.tmb.cat.

TAXIS

Rund 11 000 schwarz-gelbe Taxis gibt es in der Stadt. Ist das Taxi frei, leuchtet auf dem Dach eine grüne Lampe. Tarife und Gepäck-, Nacht- und Flughafenzuschläge sind meist im Innern des Wagens angeschlagen. Der Taxameter muss stets unaufgefordert eingeschaltet sein. Taxiruf unter Tel. 9 33 92 22 22, 9 33 58 11 11, 9 33 30 03 00, 9 34 90 22 22 und 9 34 90 44 44.

ZOLL

Reisende aus Deutschland und Österreich dürfen Waren abgabenfrei mit nach Hause nehmen, wenn diese für den privaten Gebrauch bestimmt sind. Bestimmte Richtmengen sollten jedoch nicht überschritten werden (z. B. 800 Zigaretten, 90 l Wein, 10 kg Kaffee). Weitere Auskünfte unter www.zoll.de und www. bmf.gv.at/zoll.
Reisende aus der Schweiz dürfen Waren im Wert von 300 SFr abgabenfrei mit nach Hause nehmen, wenn diese für den privaten Gebrauch bestimmt sind. Tabakwaren und Alkohol fallen nicht unter diese Wertgrenze und bleiben in bestimmten Mengen abgabefrei (z. B. 200 Zigaretten oder 2 l Wein). Weitere Informationen unter www.zoll.ch.

Kartenatlas

Maßstab 1:16 000

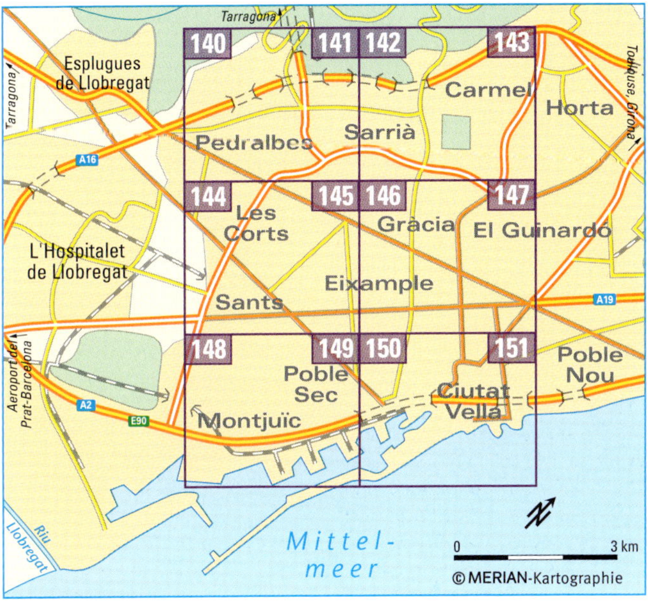
Tarragona
140
141
142
143
Esplugues de Llobregat
Tarragona
Carmel
Horta
Toulouse, Girona
Pedralbes
Sarrià
A16
144
145
146
147
Les Corts
Gràcia
El Guinardó
L'Hospitalet de Llobregat
Eixample
Sants
A19
Aeroport del Prat-Barcelona
148
149
150
151
Poble Sec
Poble Nou
Ciutat Vella
A2
E90
Montjuïc
Riu Llobregat
Mittel-meer
0
3 km
© MERIAN-Kartographie

Legende

Spaziergänge

- Das Barri Gòtic (S. 92) Start: S. 150, A22
- Gràcia (S. 93) Start: S. 142, C8
- Hinauf zum Freizeitgelände Montjuïc (S. 98) Start: S. 155, D12
- Vom Alten Hafen zum Olympiahafen (S. 100) Start: S. 150, A22
- El Raval (S. 102) Start: 146, B15
- Ciutat Vella (S. 104) Start: S. 150, B21

Sehenswürdigkeiten

- MERIAN-TopTen
- MERIAN-Tipp
- Sehenswürdigkeit, öffentl. Gebäude

Sehenswürdigkeiten ff.

- Sehenswürdigkeit Kultur
- Sehenswürdigkeit Natur
- Kirche; Kloster
- Schloss, Burg; Ruine
- Moschee; Synagoge
- Museum; Denkmal
- Leuchtturm; Windmühle

Verkehr

- Autobahn
- Autobahnähnliche Straße
- Fernverkehrsstraße
- Hauptstraße
- Nebenstraße
- Unbefestigte Straße, Weg

Verkehr ff.

- Fußgängerzone
- Parkmöglichkeit
- Busbahnhof; Bushaltestelle
- Metrostation
- Ferrocarril
- renfe Bahnhof
- Schiffsanleger
- Flughafen; Flugplatz

Sonstiges

- Information
- Theater
- Markt
- Zoo
- Botschaft, Konsulat
- Aussichtspunkt
- Friedhof

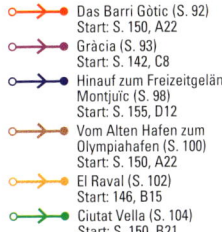

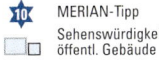

A   B   C

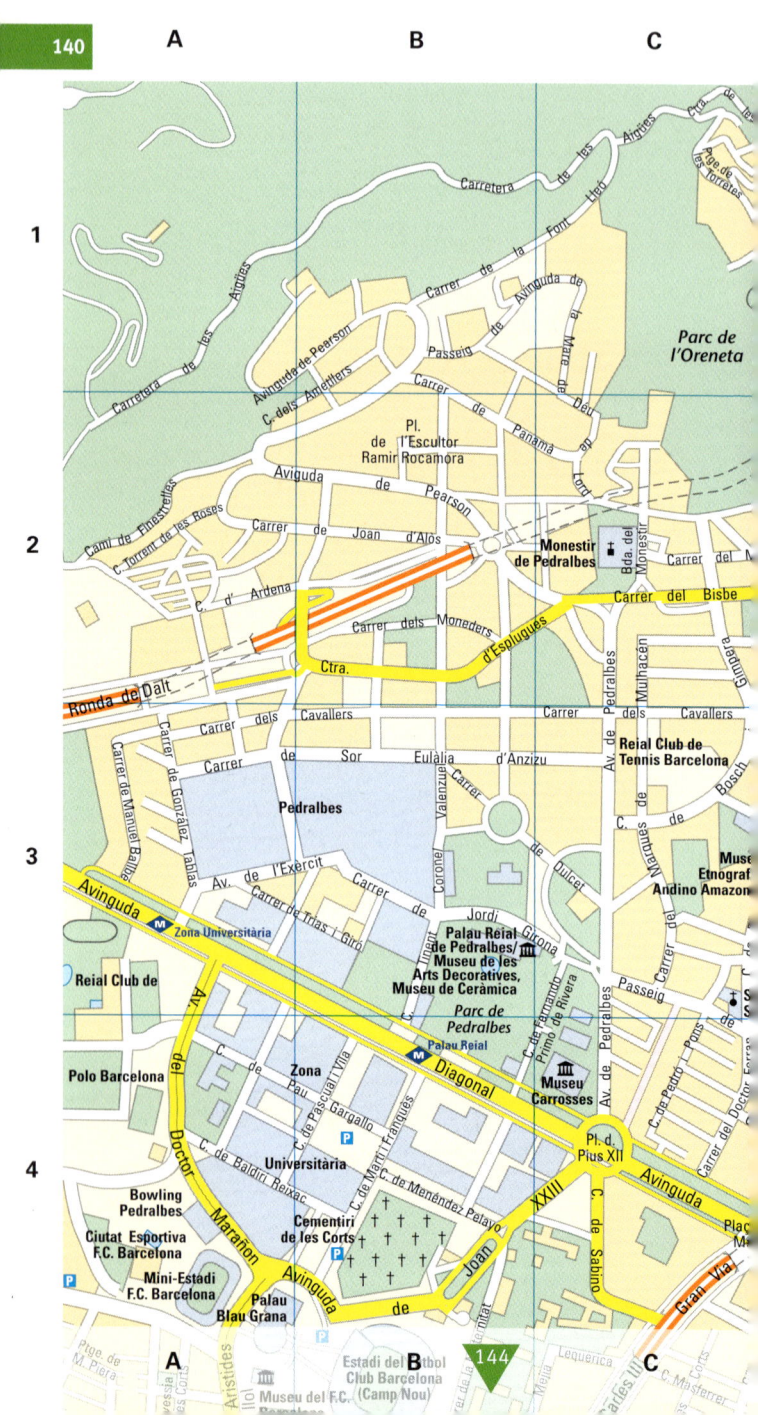

1

Parc de l'Oreneta

Carretera de les Aigües

Avinguda de Pearson

Passeig

Carretera de la Font Lbd.

Carrer de Panamà

Mare de Déu

Carretera de les Aigües

C. dels Antellers

Pl. de l'Escultor Ramir Rocamora

Avigude de Pearson

Camí de Finestrelles

C. torrent de les Roses

Carrer de Joan d'Alòs

2

C. d' Ardena

Monestir de Pedralbes

Bda. del Monestir

Carrer del M

Carrer del Bisbe

Carrer dels Moneders

d'Esplugues

Ctra.

Ronda de Dalt

Carrer dels Cavallers

Carrer de

Sor Eulàlia

d'Anzizu

Carrer dels Cavallers

Reial Club de Tennis Barcelona

Carrer de Manuel Ballbé

Carrer de González Tablas

3

Pedralbes

Av. de l'Exèrcit

Carrer de Trias i Giró

Carrer de

Coronel

Valenzuela

Jordi Girona

de Dulcet

Avinguda

Zona Universitària

Palau Reial de Pedralbes, Museu de les Arts Decoratives, Museu de Ceràmica

Reial Club de

Av. del

Parc de Pedralbes

Palau Reial

de Marquès

de Pedralbes

Passeig

Mus Etnograf Andino Amazon

S S de

Polo Barcelona

Zona

Pau

de Pascual i Vila

Gargallo

Diagonal

de Fernando Primo de Rivera

Av. de Pedralbes

Museu Carrosses

4

C. de Baldiri Reixac

Universitària

C. de Martí i Franquès

C. de Menéndez Pelayo

Bowling Pedralbes

Ciutat Esportiva F.C. Barcelona

Cementiri de les Corts

XXIII

Pl. d. Pius XII

Avinguda

C. de Sabino

Plac M

Mini-Estadi F.C. Barcelona

Maranón

Avinguda

Joan

de

Gran Via

C. de Pedró del Doctor Ferran

Palau Blau Grana

Pge. de M. Piera

144

Estadi del B tbol Club Barcelona (Camp Nou)

Museu del F.C.

A   B   C

Doctor

Aristides

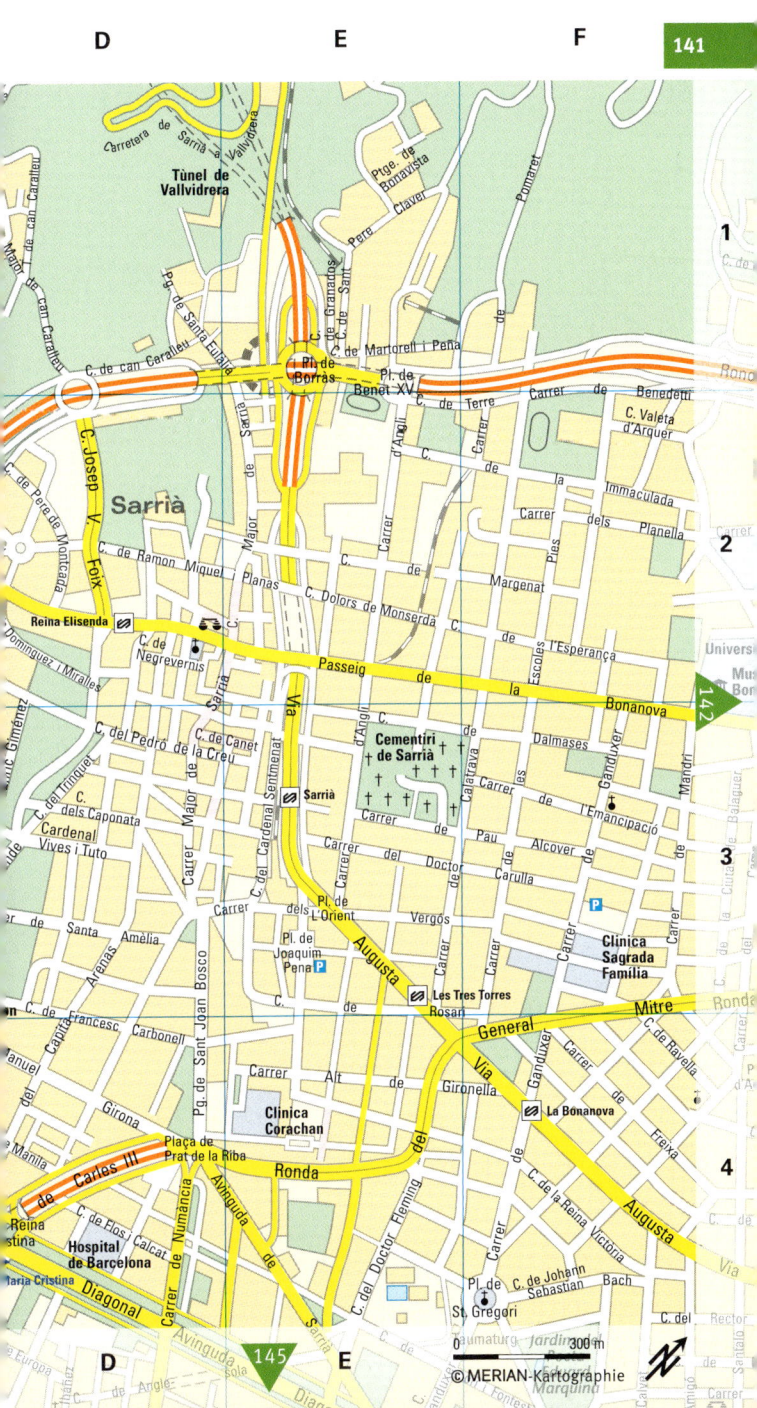

© MERIAN-Kartographie

A   B   C

5

Carretera de les Aigües

C. de Carles Riba

Cementiri Sant Gervasi

Tibidabo

8 Mirablau
Pl. del Doctor Andreu

C. de Salvador Alarma

Ronda de Dalt

C. d'Adrià   Margarit

C. de Lluís Muntadas

Carretera

Passeig

Penitents

6

Cosmocaixa Museu de la Ciència

Pl. de la Central

C. de l'Assulzena

Carrer

dels   Quatre   Camins

Carrer

Centre Geriatric Municipal

El Asador De Aranda **2**

Avinguda   Gervasi   Avinguda

Hospital Militar

Terradas

Universitat

Museu de la Salle Bonanova

Passeig

Centre Mèdic Salus

Sant

Avinguda del Tibidado

Centre Mèdic Delfos

Avinguda

Passeig

Carrer de

141

Bonanova

Carrer de Balaguer   Lamadrid

Baixes

Bertran

C. de Marmellà

República

Militar

Vallcarca
M

Baixada de Bri

7

Ciutat de   Camp   de

Carrer de Mustin

El Putget

Carrer de Cassoles

Jardins del Turó del Putget

Manacor

Baixada de la Glori

Ronda   del   General

Sant Gervasi de Cassoles

Carrer   d'Escipio

Ballester

Pl. d'Adrià

Jardins del Turó de Monterols
P

Padua

Mitre

Padua

Avinguda

Avinguda

C. de Maignon

8

C. de   Descartes   Copernic

Baixes

Saragossa

Pl. de Lesseps

Travessera

Lesseps
M

P

Gràci

Via   Augusta

Sant Gervasi

Plaça de Molina   **Plaça Molina**

Pl. de Mañé i Flaquer

Guillem Tell

Casa Vicenç

Carrer de Betlem

146

Jardíns
de Pedro
Muñoz Secá

Ciutat Sanitària
de la Vall d'Hebron

Vall Montbau

Palau
Municipal
d'Esports

5

Carles
Riba

Vall d'Hebron

Plaça de la
Vall d'Hebron

C. de Basses

Jardíns
Martí Codolar

Montbau

C. del General Mendoza

Afentorn

d'Arenys

Fastenrath

C. d'Alarcón

Lisboa

Plaça
d'Olèrdola

Cardedeu

Carrer

de la Mare de Déu dels Angels

Carrer de Josep Sangenís

Taradell

Carrer de Dante Alighieri

de

Moratín

6

**Parc la
Creueta del Coll**

de la Mare

Pg.

Coll

del

Carrer

Carrer

del

Murtra

Siguenza

Llobregós

del

Déu

del

Coll

Carrer

de Tirso

d'Ebre

Mora

C. del Riu

de la Riera

de Can Móra

Carrer

de Ceuta

C. M. D. Pilar

Santuari

de Lluís Marià

Escala de Catalunya

de Lluga

C. de l'Alcalde

C. de

Comta

Alta Zafanga

Vallcarca

Rambla

Ptge. Santa Otilia

7

**Parc del
Carmel**

Parc Güell

**Casa-Museu
Gaudí**

**Santuari del
Carmel**

Carretera

Carrer

del

del

Carrer

Carrer

Doctor

Carrer d'Olot

C. de Mariano

de Sant Josep de la Muntanya

d'Antequera

de la Mare

Mazú

Ramiro

El Carmel

**Túnel de
La Rovira**

Josep Serrano

Carrer

de

Tenerife

de Labèrnia

Vista

Bové

Gran

de la

8

**Hospital de
l'Esperança**

de Déu

de la Salut

C. de Bismarck

de Francesc
Alegre

**El
Guinardó**

Carrer del Cardener

Salvador

de Balcells

Av. de la Mare de Déu de Montserrat

Carrer de les Camèlies

Dalt

Parc de
les Aïgues

300 m

© MERIAN-Kartographie

Alfons X

Pl. Rovira
i Trias

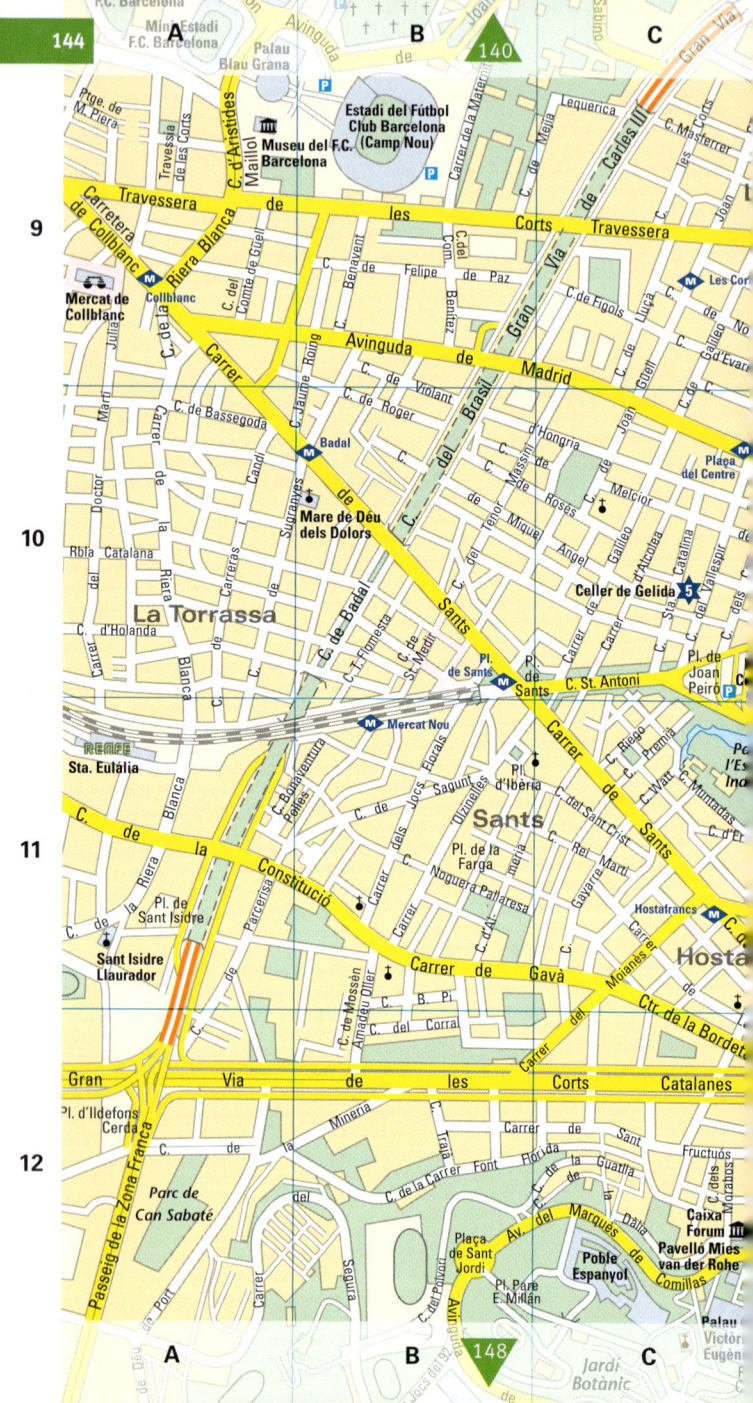

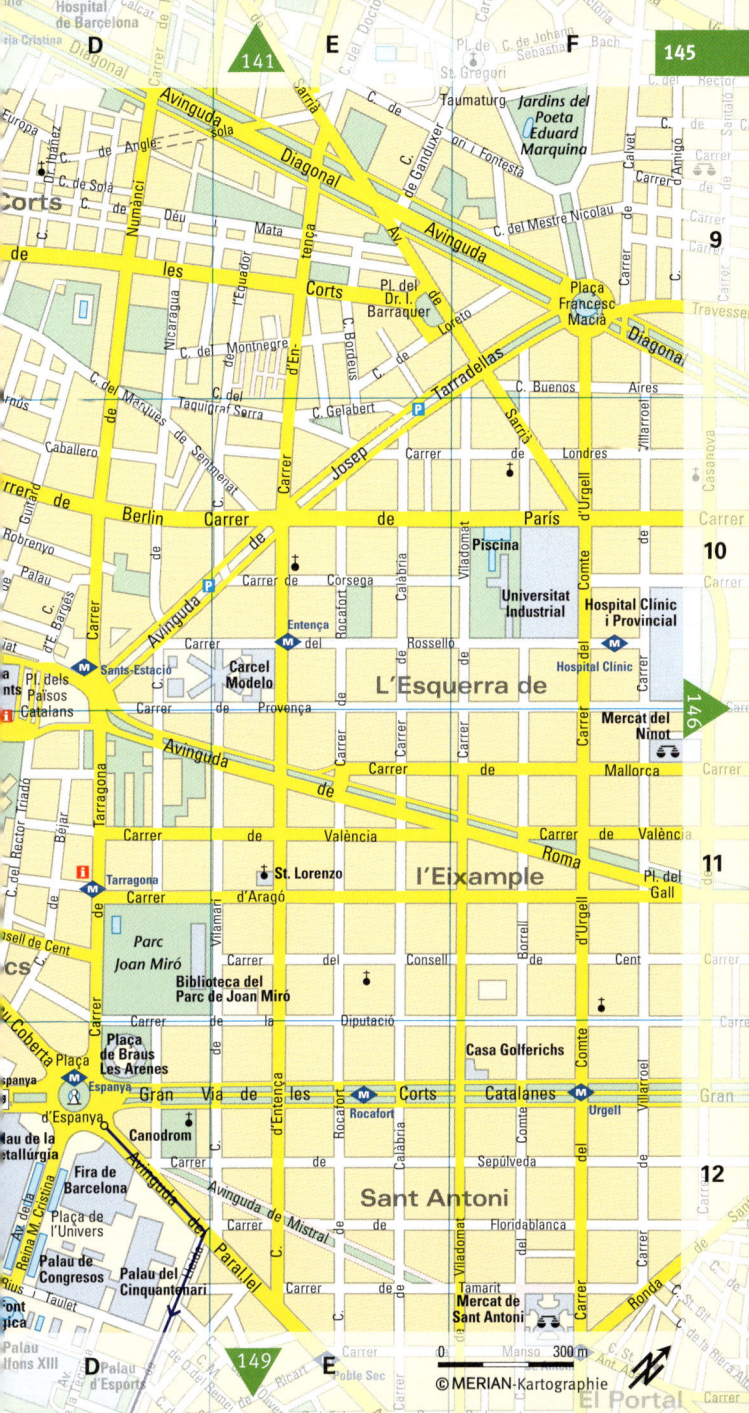

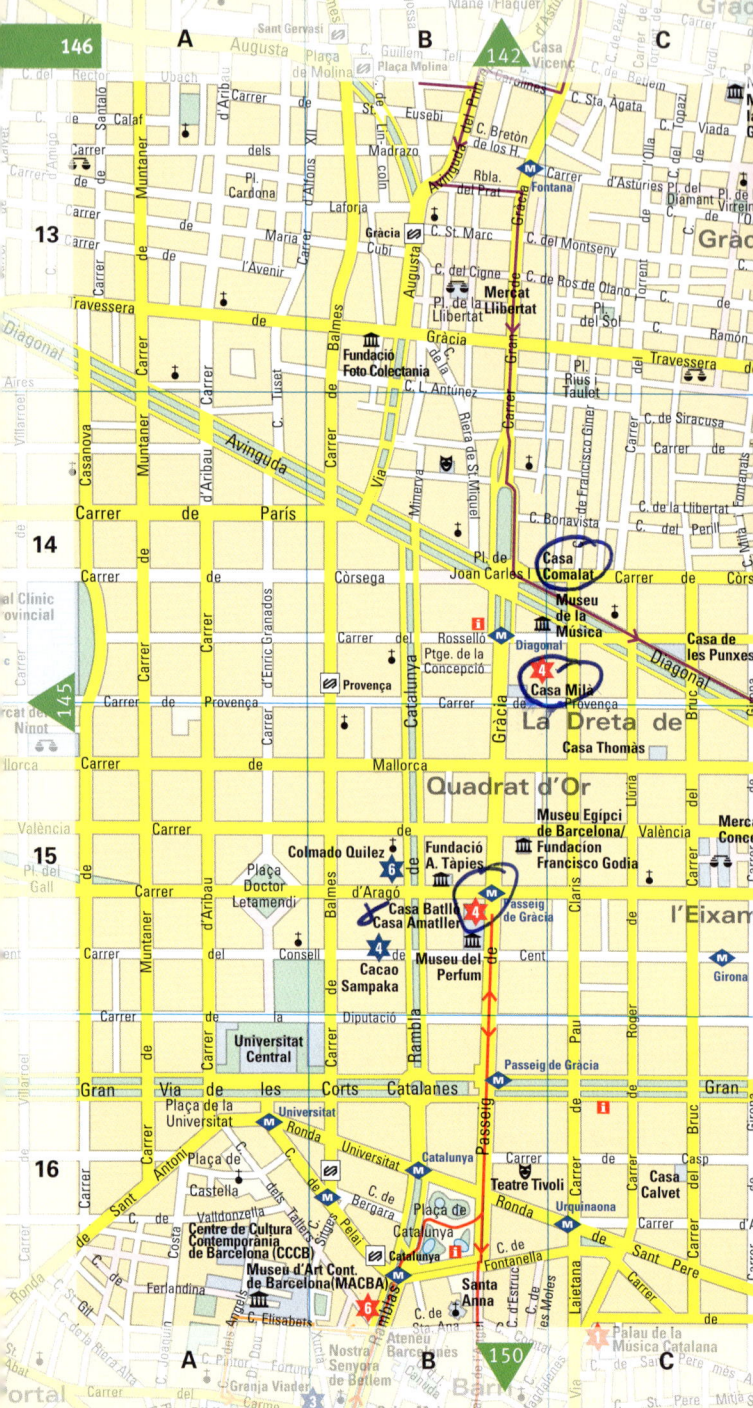

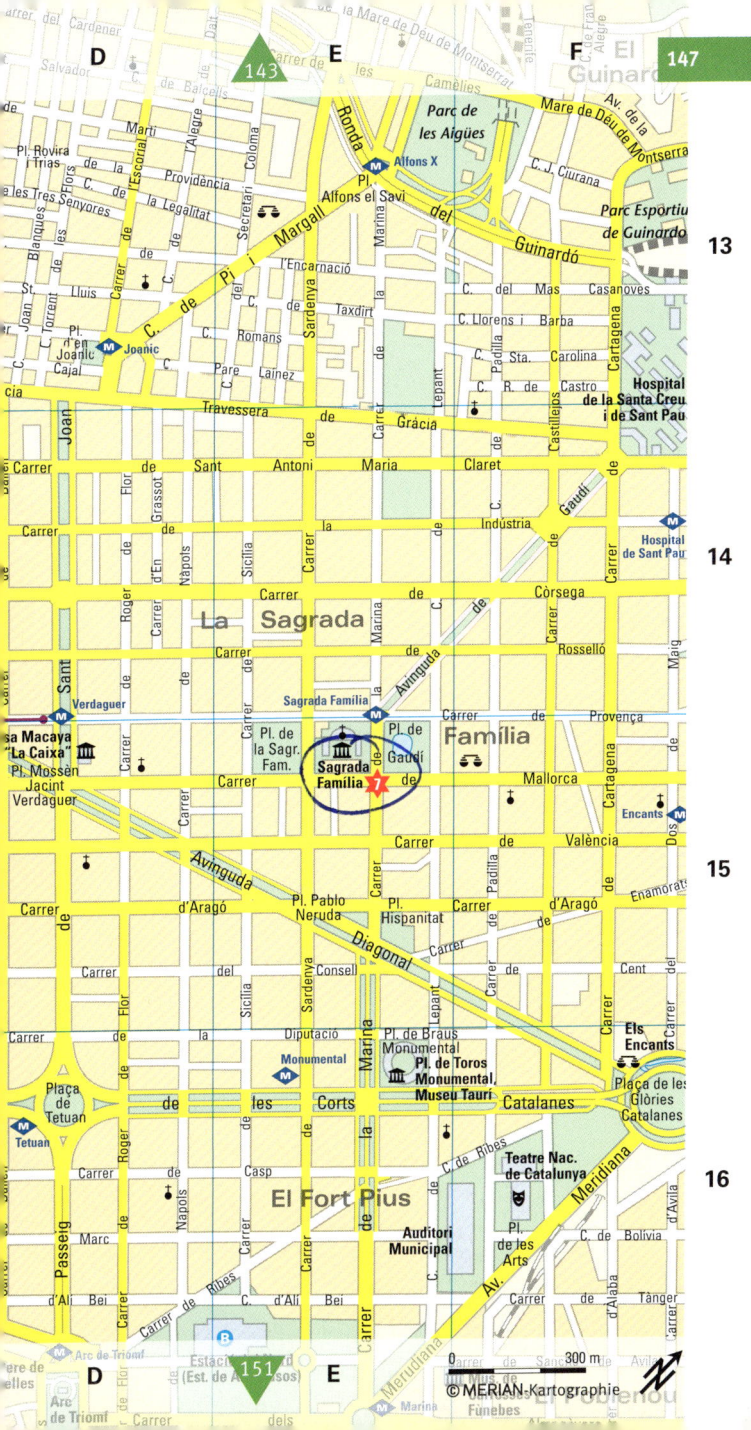

Palau de Congresos
Palau del Cinquantenari
Fontlògica
Palau Alfons XIII
Palau d'Esports
Av. de la Tècnica
Institut Cartogràfic Catalunya
Teatre Mercat de les Flors
Museu Etnològic
Museu d'Arqueologia de Catalunya
Pg. de Santa
Teatre Grec
Fundació Joan Miró
Pl. del Sol
Pl. de Neptú

Carrer de D.del Remei
C.M. Ricart
C. de la Franca Xica
C.Bobila
C. J. Fabra
C. de la Concòrdia
Radas
Creu dels Molers
Exposició de la
Margarit
C. Blasco
Poeta Cabanyes
Fontrodona
Roser
C. d'En
Carrer
Salvà
Paral·lel
Carrer
de Lafont
Poble Sec

Avinguda
del
Paral·lel
Carrer
de

Manso
St. Antoni
C. St. Ant. Abat
El Portal
El Raval
Parlament
C. del Marquès de Campo Sagrado
C. Aldana
Barri
C. de la Cera
C. de la Reina Amalia
C. de les Carretes
Ronda
Sant Pau
Monestir de Sant Pau del Camp

17

Pl. de Neptú
Avinguda
dels Tres Pins
Parc de Montjuïc
Estació Parc de Montjuïc
Funicular
Pl. de Dante
Teleféric
Miramar
Passeig de Miramar
Passeig
Cabanes
C. Mata
C. Palaudàries
Nou
Sec
La Rambla
Carrer
Nou
Carrer
Avinguda
Paral·lel
Carrer

18

Montjuïc
Jardins de Mossèn Cinto Verdaguer
Parc d'Atraccions de Montjuïc
Estació del Mirador
Pl. de Sardana
Pl. del Mirador
Pl. de Carles Ibàñez
Miramar
Pl. de l'Armada
Teleféric
Av. del Castell
Castell de Montjuïc
Museu Militar
Estació Castell de Montjuïc
Carretera
de
Montjuïc
Passeig
de
Josep
Carne

150

Far de Montjuïc
ral
Carretera de Montjuïc
Jardins de Mossèn Costa i Llobrera
Miramar
Moll de Sant Bertran
Dàrsena de Sant Bertran

19

Moll del Contradic
Moll de la Costa
Dàrsena del Morrot
Moll de Ponent

Moll Adossat

20

0   300 m

A B C

146

Museu d'Art Cont.
de Barcelona (MACBA)

C. de Fontanella

Carrer

C. Sant Pere més Alt

1 Palau de la
Música Catalana

Karte siehe
Seite 67

Ateneu
Barcelonés

Nostra
Senyora
de Betlem

3 Granja Viader

Biblioteca
de Catalunya

Palau Moja

Barri

Palau de la
Virreina

7 Museu
de l'Erotica

Hosp. de la
Santa Creu

Mercat
de la Boq.

Palau Moja

St. Pere més Baix

Cas
Ant

21

Barri Xinès

St. Agustí

Gran Teatre
de Liceu

Santa Maria
del Pi

Palau
Episcopal

Sant
Felip Neri

Cat. de
Sta. Eulàlia

Palau de la
Generalitat

Palau
Maura

Museu F.
Marès

Cat. de
Sta. Eulàlia

Palau
Reial Major

Mercat
Sta. Caterina

Museu
de la
Xocolata

Museu d'Història
de la Ciutat

Mus.
Picasso

10 Princesa

6

Sant
Jaume

Ajuntament

Palau
Centelles

Sants
Just i
Pastor

Museu Tèxtil
i d'Indument.

Museu Bar.-M.
d'Art Precolombi

Sta. Maria
del Mar

La
Riber

22

Gòtic

Palau
Güell

Centre d'Art
Santa Mònica

Reials
Drassanes

Mus.
de Cera

La Mercè
i Sant Miquel

Llotja de Mar,
Borsa de Barcelona

Xampaneria

Reina Cristina

9

Barceloneta

Museu
Marítim

Aduana

Mon. a Cristòfor
Colom

Moll de Bosch i Alsina

Palau
de Mar

Pl.
de Pau
Vila

Museu d'Història de
Catalunya (MHC)

C. de
Barce-
loneta

149

Estació
Marítima

Torre de
Jaume I

World Trade
Center

Transbordador Aeri

Dàrsena
Nacional

Rambla
de Mar

Moll d'Espanya

Imax

2 L'Aquarium

Port Vell

Cinesa
Maremàgnum

Maremàgnum

Moll dels
Pescadors

Club Natació
Barcelona

Torre de
St. Sebastià

23

Dàrsena
ont Bertran

24

A B C

Pere de
elles

Arc de Triomf

Estació del Nord
(Est. de Autobusos)

Arc
de Triomf

Carrer de Roger de Flor

C. de

Nou

Passeig Lluís Companys

Carrer

dels

Meridiana

Marina

Carrer de Sancho de Avila

Mus. de
Carrosses
Fúnebres

El Poblenou

Almogàvers

C. Buenaventura Muñoz

Avinguda

Carrer

d'Austria

de

Zamora

Pallars

Pamplona

PERE IV

d'Avila

21

Passeig de Pujades

Museu de
Zoologia

Font
Monumental

Parc de la

Passeig de Picasso

Museu de
Geologia

Ciutadella

Parlament
de Catalunya,
Museu d'Art Modern

Parc Zoològic

Passeig de Circumval·lació

da

Wellington

Sardenya

Carrer

Carrer

Carrer

Ramon de Trias

C.

CARRER

de

la

Marina

CARRER

de

Avinguda

del

de

de

Carrer

Carrer

Joan

Miro

Ramon

Doctor

Carrer

Bogatell

del

Carrer

de

Pujades

Llull

d'Alaba

Carrer

Turró

Bogatell

Vila Olímpica

Trueta

F. Mompou

C. d.

Carrer

22

d'Icària

Avinguda

Cinturó

Ciutadella-Vila
Olímpica

de

d'Icària

C.

del

Vila Olímpica

de

Salvador

Litoral

Parc del
Port Olímpic

Espriu

23

Torre de les
Aigües

La
celoneta

C. de Trelawny

C. de Gas

Peix d'Or

Torre Mapfre

Hospital
Nostra Senora
del Mar

C. de la Marina

Platja
de la Nova Icària

Platja de la Barceloneta

Port Olímpic

Centre Mun.
de Vela

24

M a r í t i m   d e   l a   B a r c e l o n e t a

t t e l m e e r

0　　　300 m

© MERIAN-Kartographie

N

Kartenregister

Orts- und Sachregister

Wird ein Begriff mehrfach aufgeführt, verweist die **fett** gedruckte Zahl auf die Hauptnennung, eine *kursive* Zahl auf ein Foto.
Abkürzungen:
Hotel [H]
Restaurant [R]

Liebe Leserinnen und Leser,
vielen Dank, dass Sie sich für einen Titel aus unserer Reihe MERIAN *live!* entschieden haben. Wir freuen uns, Ihre Meinung zu diesem Reiseführer zu erfahren. Bitte schreiben Sie uns an merian-live@travel-house-media.de, wenn Sie Berichtigungen und Ergänzungen haben – und natürlich auch, wenn Ihnen etwas ganz besonders gefällt.

Alle Angaben in diesem Reiseführer sind gewissenhaft geprüft. Preise, Öffnungszeiten usw. können sich aber schnell ändern. Für eventuelle Fehler übernimmt der Verlag keine Haftung.

© **2011 TRAVEL HOUSE MEDIA GmbH, München**
MERIAN ist eine eingetragene Marke der GANSKE VERLAGSGRUPPE.

2. Auflage

Alle Rechte vorbehalten. Nachdruck, auch auszugsweise, sowie die Verbreitung durch Film, Funk, Fernsehen und Internet, durch fotomechanische Wiedergabe, Tonträger und Datenverarbeitungssysteme jeglicher Art nur mit schriftlicher Genehmigung des Verlages.

BEI INTERESSE AN DIGITALEN DATEN AUS DER MERIAN-KARTOGRAPHIE:
kartographie@travel-house-media.de

BEI INTERESSE AN ANZEIGENSCHALTUNG:
KV Kommunalverlag GmbH & Co KG
MediaCenterMünchen
Tel. 0 89/92 80 96 44
winzer@kommunal-verlag.de

TRAVEL HOUSE MEDIA
Postfach 86 03 66
81630 München
merian-live@travel-house-media.de
www.merian.de

PROGRAMMLEITUNG
Dr. Stefan Rieß
REDAKTION
Simone Lucke
LEKTORAT
Ewald Tange, tangemedia, München
BILDREDAKTION
Anna Hoene
SCHLUSSREDAKTION
Ulla Thomsen
SATZ
Ewald Tange, tangemedia, München
REIHENGESTALTUNG
Independent Medien Design,
Elke Irnstetter, Mathias Frisch
KARTEN
Gecko-Publishing GmbH
für MERIAN-Kartographie
DRUCK UND BUCHBINDERISCHE VERARBEITUNG
Stürtz Mediendienstleistungen, Würzburg
GEDRUCKT AUF
Eurobulk von der Papier Union

Ein Unternehmen der
GANSKE VERLAGSGRUPPE

MIX
Papier aus verantwortungsvollen Quellen
FSC® C043954
www.fsc.org

BILDNACHWEIS
Titelbild (Casa Mila), mauritius images
Bilderberg: K. Bossemeyer 70, J. Michalko 101, D. Schmid 60 • Alamy: D. Anthony 96, CW Images 10/11, 39 , Look 87, I. Pompe 19, Travel Division Images 48 • Bildagentur online: Lescoure 42 • dpa Picture-Alliance: M. Read 81 • Edition Vasco: W. Seitz 112 • P. Herrrero 78 • Hotel Banys Oriental 12 • Hotel Condes de Barcelona 17 • Hotel Omm 14 • Imago:mm images/D. Ewing 66 • Interfoto: Aisa/A. Bonet 116 • Jahreszeiten Verlag/Gourmet Picture Guide 24 • laif: hemis.fr/B. Gardel 27, hemis.fr/P. Jacques 74, 99, A. Hub 120, M. Gonzalez 65, 109, G. Knechtel 2, M. Lange 90/91, Redux/Ana Nance 2008 23, F. Tophoven 4, 40, VU 62/63, 118/119 • look: E. Fleisher 34, 73, 93, I. Pompe 44, J. Richter 54 • Mauritius: CuboImages 83 • organic 33 • Sampaka Cacao 37 • Schapowalow/Atlantide 52 • T. Stankiewicz 104 • The Sutton Club 47 • The Travel Library 69, 76, 84 • Visum: B. Goettlicher • White Star 106